이화유치원
교육과정 운영의 실제

만5세 ❽ 교통기관

이화유치원

교육과정 운영의 실제

만 **5**세

8 교통기관

이화여자대학교 사범대학 부속이화유치원

㈜교문사

머리말

올해로 97년의 오랜 역사와 전통을 자랑하는 이화유치원은 우리나라에서뿐만 아니라 전 세계에서 탁월한 유아교육을 실행하는 유치원으로 높이 평가받고 있습니다. 이화유치원은 이에 긍지와 자부심, 책임감을 가지고 있으며, 무한한 가능성을 가진 유아들이 바르고, 착하고, 아름답게 자랄 수 있도록 최적의 교육환경과 교육과정을 제공하기 위해 항상 노력하고 있습니다. 더 나아가 미래사회를 책임질 유아들의 건강한 성장과 발달을 위해 끊임없이 새로운 프로그램을 개발하고, 유아교육의 질을 제고하기 위한 연구를 지속하여 유아교육 발전을 선도해 가고 있습니다.

유아의 성장 및 발달에 적합한 환경과 교육과정으로 질 높은 유아교육을 충실히 실행하는 것이 이화유치원의 중요한 사명 중 하나라면 또 다른 중요한 사명은 유아의 발달 및 유치원 교육과정, 교수방법, 교육환경 등에 관한 연구를 수행하고 그 결과를 출판하여 보급하는 것입니다. 이에 따라 이 책『이화유치원 만 3, 4, 5세 교육과정 운영의 실제』는 이화유치원의 중요한 사명을 성공적으로 완수해 낸 결과물인 것입니다.

이화여자대학교 사범대학 부속이화유치원에서 1992년과 1995년 두 번에 걸쳐『만 3, 4, 5세 어린이를 위한 유치원 교육과정 운영의 실제』를 출판한 지 어느덧 16년이 지났습니다. 2004년에 이화유치원 창립 90주년 기념행사를 성황리에 개최한 이후 새로운『만 3, 4, 5세 유아를 위한 이화유치원 교육과정 운영의 실제』를 출판하기 위한 준비 및 집필 작업을 계속해 왔고 드디어 2011년에 출판하게 됨을 매우 기쁘게 생각합니다.

『이화유치원 만 5세 교육과정 운영의 실제』의 1학기 생활주제는 「즐거운 유치원」, 「나」, 「봄」, 「가족」, 「동물」, 「동네와 지역사회」, 「여름」이고, 2학기 생활주제는 「교통기관」, 「우리나라」, 「환경보호와 소비생활」, 「가을」, 「겨울」, 「유치원 졸업과 초등학교 입학」입니다. 기존 만 5세 교육과정 운영의 실제에서 제시한 생활주제 중 「세계 여러 나라」의 교육 내용을 각 생활주제로 나누어 삽입했고, 「즐거웠던 여름방학」을 「여름」으로 통합했습니다. 그리고 「교통기관」

과 「환경보호와 소비생활」을 새로운 생활주제로 추가했습니다.

『이화유치원 만 5세 교육과정 운영의 실제』는 동일하게 3개의 장으로 구성되어 있습니다.

1장에서는 각 생활주제 선정의 의의와 교육 목표를 소개했습니다. 생활주제에서 다루어야 할 학습 내용을 2~5개의 주제로 구분하고, 주제별로 교육 목표와 내용을 설명했습니다. 2장에서는 교육환경에 대해 소개했습니다. 원내와 교실의 흥미 영역을 교육 내용에 적합하게 구성하는 방법을 설명했고, 사진을 실례로 소개했습니다. 3장에서는 생활주제에 적합한 교육활동을 주제별로 소개했습니다. 교육활동의 전개 방법에서는 유아들이 흥미를 가지고 능동적으로 참여하여 교육 내용을 이해하고 학습할 수 있도록 하기 위해 교사가 만 5세 유아들의 발달 수준, 지식, 경험 등에 적합한 교육적 대화를 어떻게 나누는지를 소개하는 데 중점을 두었습니다. 이 책에 수록된 교육활동을 현장에서 실시할 때 도움이 되도록 교사의 질문 및 언어적 상호작용을 구체적으로 자세하게 기술하였고, 내용을 쉽게 이해할 수 있도록 사진 및 삽화를 수록했습니다. 활동 시 참고할 사항을 Tip으로 제시했고 유의점에 주의해야 할 사항을 설명했습니다. 또한 확장활동 및 관련활동을 제시하여 교육활동들 간의 연계성을 강조했습니다. 부록에는 주간교육계획안과 일일교육계획안의 예시를 수록하여 실제 교육계획안 수립 시 참고할 수 있도록 했습니다.

이화유치원에서는 교육과정의 학습경험 설정 및 효과적 조직에서 요구되는 세 가지 준거—계속성(continuity), 계열성(sequence), 통합성(integraty)—를 갖추고자 지속적인 연구와 노력을 거듭하고 있습니다. 이 책에서는 만 3, 4, 5세 교육과정 간 계속성, 계열성, 통합성에 초점을 맞추어 연구·개발된 새로운 생활주제, 주제 및 교육활동들을 소개했습니다. 또한 본 유치원에서 지난 10여 년간 실행해 온 각종 연구들—기본생활습관교육, 소비자교육, 극놀이, 요리활동, 종일반 프로그램, 수학교육, 리더십교육, 언어교육, 동작교육, 문학교육, 전통문화예술교육—을 통해 새롭게 개발된 생활주제, 주제 및 교육활동들을 이 책에 소개했습니다. 기존『만

5세 어린이를 위한 유치원 교육과정 운영의 실제』에 수록되었던 활동들의 경우, 최근 유아들의 발달적 특성, 요구, 흥미에 적합하게 또한 시대적 변화와 요구에 부응할 수 있도록 수정 · 보완해서 소개했습니다.

그동안 이 책이 출판될 수 있도록 도와주신 여러 분들께 머리 숙여 감사를 드립니다. 먼저 『이화유치원 만 5세 교육과정 운영의 실제』를 함께 집필해 주신 이화유치원 전 · 현직 교사들—오지영, 강지영, 강경미, 곽진이, 김혜전, 이누리, 전우용—께 감사를 드립니다. 유아교육 발전을 위한 이화유치원의 사명을 완수하기 위해 지난 몇 년간 주말이나 공휴일은 물론이고 방학에도 쉬지 못하면서 이 책의 집필 과정에 참여해 주신 여러 분들의 헌신적 노력은 유아교육의 역사에서 오래 기억될 것입니다. 이 책의 집필 과정에서 여러모로 도움을 주신 이화유치원 전 · 현직 교사들—최수연, 최지은, 정은화, 박보람—께도 깊은 감사를 드립니다. 또한 이 책을 출판해 주신 (주)교문사 류제동 사장님, 정용섭 부장님을 비롯한 직원 여러 분들께도 진심으로 감사를 드립니다.

끝으로 이 책이 출판될 수 있도록 간접적으로 도와주신 분들께도 감사를 드립니다. 그동안 유아교육을 공부하는 학부생 및 대학원생, 유아교사, 유아교육학자, 유아교육 전문가 및 행정가, 심지어 학부모들께서도 이 책이 언제 출판되는지를 문의하고 출판을 서둘러 주기를 부탁하셨습니다. 『이화유치원 만 3, 4, 5세 교육과정 운영의 실제』를 하루빨리 출판해 달라는 많은 분들의 요청이 저희들에게 든든한 힘과 격려가 되어 주었기에 이 자리를 빌려 감사의 마음을 전하며, 여러분들께서 기대하신 만큼 큰 도움 받으시기를 바랍니다.

2011년 7월 25일
집필진 대표 홍용희

차 례

1장

생활주제 선정의
의의와 목표

1장

생활주제 선정의 의의와 목표

1. 생활주제 선정

유아들은 일상생활에서 다양한 교통기관을 경험한다. 집과 유치원을 오고 갈 때 자동차나 버스, 지하철 등 다양한 교통기관들을 보거나 특정 교통기관을 이용해 보는 등 일상에서 교통기관을 경험할 기회가 많다. 또한 많은 유아들이 여러 종류의 교통기관에 대해 큰 흥미와 관심을 갖고 있다. 따라서 유아들이 교통기관의 필요성과 특징에 대해 이해하고 바르게 이용하는 방법을 익힐 수 있는 교육이 필요하다. 유아들이 '교통기관' 생활주제를 통해 먼 곳으로 이동할 때 다양한 교통기관을 이용함을 알고, 주변에서 경험할 수 있는 친숙한 교통기관의 종류와 이용방법에 관심 갖게 한다. 여러 사람들이 안전하게 교통기관을 이용하기 위해 필요한 규칙을 이해하고 준수할 수 있도록 한다. 또한, 특정 교통기관에 대한 유아들의 흥미와 지식을 바탕으로 심화 활동을 실시한다. '교통기관' 생활주제를 전개할 때, 교통기관의 이동 경로를 기준으로 육상교통기관, 해상교통기관, 항공교통기관, 우주선으로 주제를 나누어 교육 내용을 전개한다.

2. 주제 및 목표 선정

'교통기관' 생활주제는 '육상교통기관', '해상교통기관', '항공교통기관', '우주선' 으로 구성되었다.

생활 주제	주 제
교통기관	육상교통기관
	해상교통기관
	항공교통기관
	우주선

각 주제별 교육 목표 및 교육 내용은 다음과 같다.

주제	분류	목표 및 내용
1. 육상교통기관	교육 목표	• 육상교통기관의 종류와 특징을 안다. • 다양한 육상교통기관들의 기능을 안다. • 육상교통기관이 발달해온 과정을 안다. • 대중교통수단을 이용하는 방법을 안다. • 교통안전규칙을 준수한다.
	교육 내용	유아들이 여러 종류의 육상교통기관의 특징과 기능에 대하여 알도록 한다. 육상교통기관이 생겨난 이유를 알고 기술의 발전에 따라 더 빠르고 편리한 교통기관이 개발되어 왔음을 이해하도록 한다. 유아들이 일상에서 경험할 수 있는 버스, 지하철, 기차 등 대중 교통 수단의 이용 방법에 대해 알고 익히도록 하며 교통 안전 규칙에 대해 학습하여 교통기관을 안전하게 이용하는 태도를 갖게 한다. 유아들이 관심 갖는 교통기관을 정하여 이에 대해 심도 있게 학습할 수 있도록 한다.
2. 해상교통기관	교육 목표	• 해상교통기관의 종류와 특징을 안다. • 해상교통기관의 역할과 기능을 안다. • 해상교통기관이 발달해온 과정을 안다. • 해상교통기관을 움직이기 위해 많은 사람이 일함을 알고 감사한 마음을 갖는다.
	교육 내용	유아들이 유람선, 여객선, 항공모함, 돛단배 등 해상교통기관의 종류를 알고 생김새, 기능에 대해 탐구해볼 수 있도록 한다. 바다 위를 이동하기 위해 해상교통기관이 생겨났음을 알고 해상교통기관이 발달해온 과정에 대해 관심을 가질 수 있게 한다. 유아들이 해상교통기관을 이용해본 경험을 바탕으로 노래, 동시, 게임 등 다양한 활동을 실시한다.
3. 항공교통기관	교육 목표	• 항공교통기관의 종류와 특징을 안다. • 항공교통기관이 발달해온 과정을 안다. • 비행기를 움직이기 위해 많은 사람이 일함을 알고 감사한 마음을 갖는다. • 비행기 운항에 관련된 여러 시설이 있음을 안다.
	교육 내용	비행기와 헬리콥터 등 유아들에게 친숙한 항공교통기관에 대해서 학습한다. 먼 곳까지 빠르게 이동하기 위해 비행기가 발명되었음을 알고 비행기의 발달과정에 대해 관심을 갖도록 한다. 비행기의 구조와 비행기에서 일하는 사람들의 역할, 공항의 구조와 기능 등에 대해 알아본다. 이를 바탕으로 공항이나 비행기를 만들고, 놀이에 필요한 소품을 알아보며 제작하는 등 비행기를 주제로 놀이를 확장해나갈 수 있도록 한다.
4. 우주선	교육 목표	• 우주에는 지구를 포함하여 많은 별들이 있음을 안다. • 우주선의 종류와 기능에 관심을 갖는다. • 우주인의 생활에 관심을 갖는다. • 사람들은 더 빠르고 편리한 교통기관을 개발하기 위해 연구함을 안다.
	교육 내용	유아들이 많은 관심을 갖고 있는 우주와 우주선에 대해 알아본다. 우주에는 지구를 포함한 많은 별들이 존재하고 사람들이 우주를 탐험하기 위해 많은 노력과 연구를 해오고 있음을 알도록 한다. 다양한 시청각 자료를 이용해 우주선이 발사되는 과정, 우주선에서의 생활 등을 살펴본다.

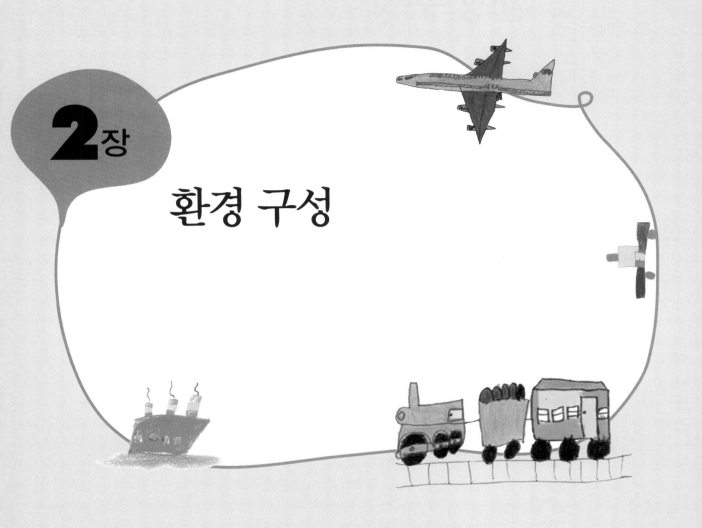

2장

환경 구성

2장 환경 구성

1. 실내 환경 : 현관, 복도

1) 게시판

현관 게시판은 교통기관과 관련된 배경으로 유치원 교육활동에 관련된 각종 안내사항을 게시한다. 이후 유아들이 만든 작품 또는 그린 그림을 전시하며 게시판을 꾸며나간다. 급·간식 식재료의 원산지를 매일 게시한다.

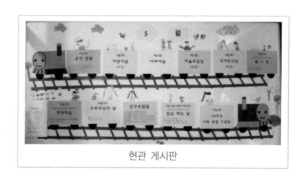

현관 게시판

2) 복도 벽면

복도 벽면에 유아들이 교통기관을 이용하며 재미있었던 일들에 대한 경험을 회상하고 공유할 수 있는 작품을 게시한다. 예를 들어 유아들이 함께 기차를 타고 소풍을 다녀온 사진이나 개별적으로 기차를 탄 경험을 그린 그림을 게시한다.

기차를 타고 소풍을 다녀온 사진

기차를 타 본 경험을 그린 그림

3) 복도 영역

복도 영역에 비행기와 사람 인형, 공항에서 일하는 자동차, 활주로 등의 놀잇감을 제공하여 유아들이 하루 일과 중 자유선택활동 시간에 자유롭게 찾아와 공항 놀이를 할 수 있도록 한다. 복도 영역 천장이나 벽면에 하늘의 느낌이 날 수 있도록 구름이나 비행기가 그려져 있는 천을 매달아 준다. 또한 유아들이 놀잇감을 이용하여 놀이하는 모습 사진을 사진기로 찍어 출력한 후 벽면에 게시하여 앞으로 놀이할 유아들에게 놀이방법을 알려줄 수도 있다. 각 학급 유아들이 가정에서 다양한 교통수단 모형이나 책을 유치원으로 가지고 온 경우, 복도 책상에 전시하여 모든 유아들이 감상할 수 있도록 한다.

공항 놀이

공항 놀이 소품

2. 실내 환경 : 교실

- 생활주제 : 교통기관
- ○○○반 흥미 영역 배치도

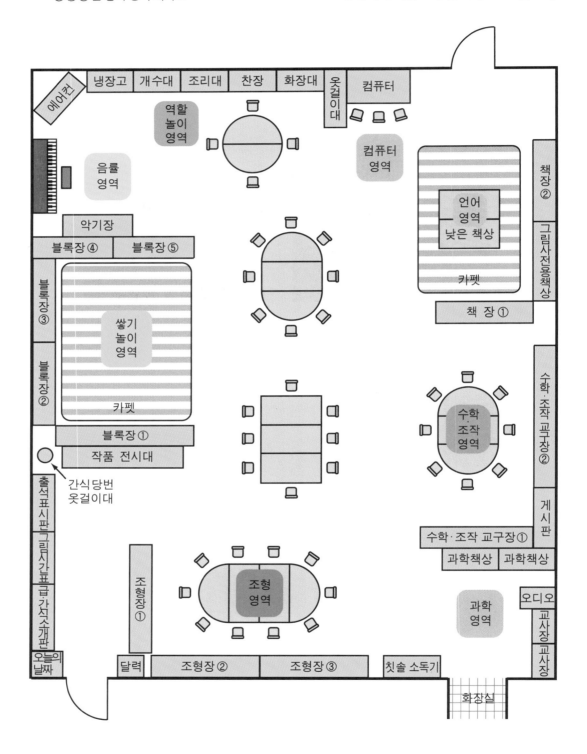

1) 교실 벽면

(1) 출석표시판

육지, 바다, 하늘, 우주를 배경으로 출석표시판을 만든다. 유아들은 각자 자신이 좋아하는 교통기관 그림을 그려 출석표시 그림을 만들고, 등원 시 출석표시판 배경의 해당하는 곳에 부착한다.

'교통기관' 출석표시판

(2) 벽면 전시

교실 벽면에는 생활주제와 관련하여 유아들이 만든 조형작품(예: 기차 타 본 경험 그리기, 타고 싶은 기차 상상해서 그리기 등)을 전시하거나 유아들이 교통기관과 관련하여 가정에서 조사해온 자료 또는 교실에서 유아들과 함께 조사한 내용을 게시한다.

유아들이 타고 싶은 기차 그림

기차에 대해 알고 있는 점

2) 흥미 영역

(1) 언어 영역

① 읽기 영역

육상·해상·항공교통기관 및 우주선과 관련된 책, 우주에서 볼 수 있는 태양계·별자리·성운 등의 내용이 담긴 책, 유아들이 교통기관을 주제로 만든 동화(예: 나리에게 일어난 일 등), 유아들과 함께 조사하며 만든 우주선 발사 책 등을 책장에 비치한다. 벽면에는 각 교통기관의 사진과 일하는 사람들 모습이 담긴 화보(예: 배·비행기·우주선에서 일하는 사람들 등)를 게시한다.

② 쓰기 영역

유아들이 육상교통기관(예: 자동차, 기차, 지하철, 교통안전표시판 등), 해상교통기관(예: 배의 종류, 항구, 배에서 일하는 사람들 등), 항공교통기관(예: 비행기, 공항, 비행기에서 일하는 사람들 등) 및 우주선(예: 태양계·성운·별자리의 이름, 우주비행사, 우주 등)과 관련된 이름과 글자의 형태를 익힐 수 있도록 쓰기 자료를 제공한다. 사물과 명칭을 연결 지을 수 있도록 관련 사진이나 그림도 함께 게시한다.

③ 말하기 영역

'교통기관' 생활주제에서 감상한 본 동화 자료(예: 기차 여행, 우주 여행 등)를 제시하여 유아들이 동화를 회상하면서 등장인물을 직접 조작해 볼 수 있도록 한다.

(2) 쌓기 놀이 영역

유아들과 교통기관에 대해 이야기를 나눈 후 만들고 싶은 교통기관(예: 항공모함, 거북선 등)을 정한다. 사진과 책을 통해 교통기관의 특징을 살펴본 후, 놀이를 위해 필요한 소품(예: 항공모함 - 관제탑, 조종실, 제트기, 제트기가 날아다닐 갑판, 배 등/거북선 - 노, 대포, 거북선 머리와 꼬리, 병사들의 복장 등)을 제공한다. 유아들이 교통기관을 며칠에 걸쳐 지어야 할 경우나 완성한 교통기관에서 계속 놀이하기를 원할 경우 특정 공간을 확보해 주어 놀이를 심화·확장시켜 나갈 수 있게 한다.

항공모함–관제탑

(3) 역할 놀이 영역

유아들과 교통기관 놀이를 정한 후 놀이에 필요한 물건과 소품을 준비한다. 예를 들어 기차 놀이를 할 경우 역할 놀이 영역에 매표소, 개찰구, 기차를 준비하여 기차역을 만들고 역할 놀이 영역 주변 바닥에 기찻길을 만든다. 기차 놀이를 위한 놀잇감을 효율적으로 배치하기 위해 기존 역할 놀이 영역에 있는 조리대, 개수대, 화장대, 옷장, 그릇장, 찬장 등을 기차 놀이가 진행되는 동안 치워둘 수 있다. 놀이를 진행하며 더 필요한 소품을 유아들과 함께 준비하여 역할 놀이 영역을 완성해나간다.

공항 놀이를 할 경우 공항 및 비행기 내부를 볼 수 있는 사진이나 관련 책을 보면서 항공놀이에 필요한 장소 및 물건들(예: 여권 발급하는 곳, 비행기 표 파는 곳, 비행기 표, 검색대, 비행기 등)을 준비한다. 놀이를 진행하며 더 필요한 소품(예: 기내식 음료, 음식 등)을 준비하여 영역을 완성해 나가도록 한다.

기차 놀이

(4) 수학 · 조작 영역

교통기관 모습 퍼즐, 교통기관의 이름과 사물 연결 짓기, 별자리 만들기 등의 수학 · 조작 교구를 제공한다. 유아들이 그린 교통기관 그림을 퍼즐로 만들어 제공하기도 한다.

수학 · 조작 교구장

⑸ 과학 영역

육상·해상·항공 교통기관 및 우주선에 대해 배운 내용 중 유아들이 관심 갖는 주제로 과학 영역을 구성한다. 유아들이 책이나 인터넷 등에서 찾은 관련 자료들을 벽면에 게시하고, 교통기관 모형을 전시한다. 우주에서 볼 수 있는 태양계나 성운, 별자리 등의 화보를 OHP 용지에 복사하여 라이트 박스나 OHP 위에 올려두고 관찰할 수 있게 한다.

잠수함 실험하기

태양계 관찰하기

⑹ 조형 영역

교통기관 모양 판화판, 물감, 파레트, 솜뭉치 등을 제공한다. 교통안전 표지판 그림이나 사진, 종이, 가위, 색연필을 준비하여 유아들이 표지판을 그려보며 교통안전을 위해 지켜야 할 것들에 대해 생각해 볼 수 있도록 한다. 조형 영역의 벽면에는 다양한 교통기관의 모습과 교통안전 표지판 사진을 게시하고, 유아들이 재활용품으로 만들거나 그린 비행기, 우주선, 자동차, 기차 조형 작품을 전시한다.

조형 영역 교구장 – 낙하산 만들기, 여권 만들기,
안전표지판 만들기, 판화 찍기 재료

(7) 음률 영역

자동차 · 우주선 모양 귀로, 교통기관 모양 마라카스 등의 악기를 제공한다. 유아들이 필름통이나 거름망과 같은 재활용품으로 만든 우주선 마라카스 악기도 함께 제시한다.

음률 영역 교구장

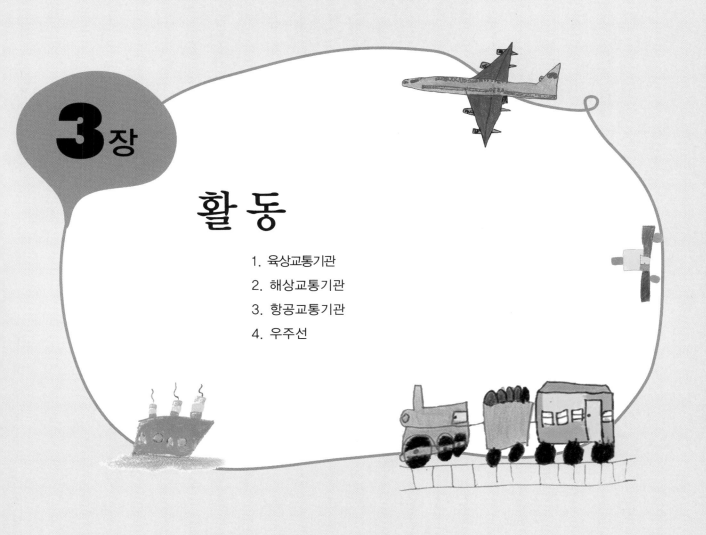

3장

활 동

★ 주제별 활동 목록

구분		육상교통기관	해상교통기관	항공교통기관	우주선
자유 선택 활동	쌓기 놀이 영역		항공모함 만들기 거북선 만들기		
	역할 놀이 영역	기차 놀이		공항 놀이	
	언어 영역	기차에 관한 단어카드 만들기			우주선 발사
	수학 조작 영역		여러 가지 배		별자리 만들기 우주 탐사
	과학 영역				우주관찰
	조형 영역	기차표 만들기		여권 만들기 낙하산 만들기	
	음률 영역				
	실외 영역			종이비행기 날리기	
대소 집단 활동	이야기나누기	기차와 기차역 지하철 교통안전표지판	배의 종류 배에서 일하는 사람들 거북선	비행기에서 일하는 사람들 공항	우주 우주선 우주인이 되기 위한 훈련
	동화·동극·동시	기차 여행(동극)	돛단배(동시)	비행기(동화) 나리에게 일어난 일(창작동화)	우주여행(동화)
	노래·음악감상·악기연주	기차를 타고 더 빠른 것, 더 느린 것			우주선 로켓
	율동	손에 손을 잡고			
	신체	기차에 승객 태워 나르기(게임)		풍선 놀이(체육)	
	수학	지하철 노선도			
	과학		잠수함이 뜨고 가라앉는 이유		
	사회			비행기의 역사	

※ 본 교재에 수록된 활동은 만 5세 '교통기관' 생활주제에서 실시하는 활동 중 일부만 소개된 것입니다.

1. 육상교통기관

집단형태

대집단활동

활동유형

이야기나누기

활동자료

기차에 대한 이야기나누기 자료(PPT), 컴퓨터, 빔프로젝터, 스크린, 레이저포인터 등

이야기나누기 자료의 예

TIP 1 여름방학 동안 기차를 타고 여행을 다녀 온 유아들의 경험에 대해 이야기나눈다.

활동목표

- 기차의 특징과 기능을 안다.
- 우리나라 여객열차의 종류와 이름에 관심을 갖는다.
- 기차역에 필요한 시설을 안다.

활동방법

○ 우리나라 여객열차의 종류와 편의시설에 대해 이야기한다. **TIP 1**

- 기차를 타 본 적이 있나요? 기차의 이름은 무엇이었나요?
- 먼 길을 갈 때 탈 수 있는 기차를 '여객열차'라고 해요. 우리나라에는 어떤 여객열차가 있는지 알아봅시다.

① KTX
  - 매우 빠르게 달리는 고속열차(시속 200km 이상)이다.
  - 전기의 힘으로 달리므로 고속전철이라고도 한다.

② 새마을호
  - KTX 개통 전까지는 가장 빠르고 편한 기차였다.
  - 정차하는 역의 수가 적어 속도가 빠른 편이다.
  - 앞으로 이름을 비츠로(빛처럼 빠르게 달리는 열차)로 바꾸고 새마을호를 대신해서 새로운 열차가 운행하게 될 것이다.

③ 무궁화호
  - 정차하는 역의 수가 많아 이용하는 사람들이 많은 편이다.
  - 고속열차(KTX)와 새마을호가 멈추지 않는 역에도 멈춘다.
  - 2020년경이 되면 대부분의 무궁화호가 누리로로 바뀌게 된다.

④ 누리로
  - 온 세상을 달리는 열차라는 뜻이다.
  - 무궁화호를 대신해서 운행하는 열차이다.
  - 전기의 힘으로 달리기 때문에 환경보호에 도움이 된다.

- 기차에는 사람들이 편리하게 여행할 수 있도록 도와주는 여러 가지 시설들이 있어요. 기차에서 어떤 것들을 보았나요?
  - 의자, 짐 놓는 곳, 화장실, 자판기(음료나 간식을 판매하는 기계)

- 기차에 따라 식당차, 수유실, 독서등, 종아리 받침대 등이 있다.
○ 기차의 종류와 기능에 대해 이야기한다. **TIP 2**

육상교통기관

■ 기차는 하는 일에 따라 여러 종류의 기차로 나눌 수 있어요. 어떤 것들이 있는
  지 알아봅시다.

① 동력차

- 증기, 전기, 기름을 이용해서 스스로 움직일 수 있는 힘을 만들어 낸다.
- 기관차는 제일 앞에서 객차와 화물차를 끌어주는 일을 한다. 기관차에는 연
  료를 태워서 얻는 에너지를 기차가 움직일 수 있는 힘으로 바꾸어 주는 장치
  가 있다.

② 화물차

- 여러 가지 화물을 수송하기 위한 철도차량이 있다.
- 기름, 시멘트, 자갈, 컨테이너, 자동차 등 실어 나르는 화물에 따라 생김새가
  다르다.

③ 객차

- 사람을 태우기 위해 만들어진 철도차량이 있다.
- 식당, 침대가 갖추어진 객차도 있다.
- 장애인차, 자전거 객차, 카페 객차 등이 있다.

○ 기차역이 하는 일과 시설에 대해 이야기한다.

■ 기차를 타려면 어디에 가야할까요?

- 기차역

■ 기차역에서 무엇을 볼 수 있을까요?

- 매표소가 있다.
- 기차 노선도가 있다.
- 개찰구가 있다.
- 기차를 타는 곳(승강장), 승강장 표시판이 있다.
- 기차가 출발하고 도착하는 시간과 승강장 번호를 알려 주는 표시판이 있다.
- 기차가 다니는 길(선로)이 있다.
- 화물을 싣고 내리는 데 필요한 것들(지게차, 크레인, 컨베이어 벨트 등)이 있다.
- 여러 종류의 가게가 있다.
- 음식을 파는 식당이 있다.
- 화장실이 있다.

관련활동

■ 역할 놀이 영역 '기차 놀이' (20쪽 참고)
■ 조형 영역 '기차표 만들기' (23쪽 참고)

TIP 2 키즈 코레일 홈페이지 (http://kids.korail.go.kr)에서 여러 종류의 동력차, 화물 사진과 객차 내부사진을 볼 수 있다.

집단형태

자유선택활동

활동유형

역할 놀이 영역

기차역 전경

매표소와 개찰구

기찻길 만들기

활동목표

■ 기차역에 필요한 시설에 대해 안다.

■ 기차를 이용하는 방법에 대해 안다.

■ 친구들과 협력하여 기차 놀이를 계획하고 실행한다.

활동방법

| 기차역 만들기 |

○ 기차에 대해 이야기나눈 것을 회상하며 기차를 타본 경험을 이야기나눈다.

■ 기차를 타본 적 있나요?

■ 기차는 어디에서 타나요?

• 기차역

■ 기차역에서 무엇을 보았나요?

• 매표소, 기차 출발 및 도착 시간표, 기차

■ 기차를 타기 위해 어떻게 하나요?

• 매표소에서 기차표를 산다.

• 개찰구에서 기차표를 내고 승강장에 들어간다.

• 기차 출발 시간이 되어 기차가 기차역에 도착하면 기차를 탄다.

○ 기차 놀이에 필요한 것들에 대해 이야기나눈다.

■ 오늘 방안놀이시간에 기차 놀이를 하는 어린이들이 있었어요.

■ 기차 놀이를 하기 위해 어떤 것들이 필요한가요?

• 기차역, 기차, 기찻길

• 기차 매표소, 기차 출발 및 도착 시간표, 기차표, 표를 살 돈

○ 기차 놀이에 필요한 것들을 준비하는 방법에 대해 이야기나눈다.

■ 기차 놀이에 필요한 것들을 만들어 봅시다.

■ 기차역은 어떻게 만들까요?

• 인형 극장 틀을 기차역처럼 꾸민다.

• 블록을 쌓아 만든다.

■ 기차표, 돈은 무엇으로 만들까요?

• 실제 기차표를 보고 종이에 그려 만든다.

• 돈은 종이로 만든다.

- 기차는 어떻게 만들까요?
  - 위, 아래 면을 잘라낸 큰 종이상자를 여러 개 이어 만든다.
  - 훌라후프 여러개를 끈으로 연결하여 만든다.
- 기찻길은 무엇으로 만들까요?
  - 회색 색지를 오려 기찻길처럼 바닥에 붙이고, 투명 비닐을 덮어 붙인다. Ⓣ ＩＰ
  - 길이가 긴 막대 모양의 유니트 블록으로 만든다.
○ 역할을 정하여 방안놀이시간에 기차역을 만든다.

| 기차 놀이하기 |

○ 기차를 만든 후 기차 놀이 방법에 대해 이야기나눈다.
- 기차 놀이를 하려면 어떤 역할이 필요할까요?
  - 기차를 타는 사람
  - 매표소에서 표를 파는 사람
  - 개찰구에서 표를 받는 사람
- 기차를 타려면 어떻게 해야 할까요?
  - 기차를 타고 가고 싶은 장소를 정한다.
  - 매표소 직원에게 가고 싶은 장소를 말하고 표를 산다.
  - 개찰구에서 표를 내고 승강장에 들어간다.
  - 기차가 올 때까지 기다린다.
  - 기차가 오면 기차를 탄다.
- 매표소 직원은 어떤 일을 해야 할까요?
  - 손님에게 어디까지 가는지 물어본다.
  - 표에 도착장소 이름을 쓴다.
  - 표의 가격을 말하고 돈을 받는다.
- 개찰구에서 표를 받는 사람은 어떻게 해야 할까요?
  - 기차가 도착하기 전 손님에게 곧 기차가 도착함을 알린다.
  - 표를 받아 통에 모은다.
○ 역할을 정한다.
○ 기차 놀이를 시작한다.

| 기차 놀이 평가하기 |

○ 기차 놀이를 하면서 개선해야할 점에 대해 이야기나눈다.
- 기차 놀이가 재미있었나요? 어떤 점이 재미있었나요?
- 기차 놀이를 하면서 불편한 점이 있었나요?
  - 기차역이 여러 곳인데 어디가 어떤 기차역인지 몰라 불편했다.
  - 기차가 올 때까지 기다리는 곳이 없어 불편했다.
  - 기차를 타거나 운전할 때 기차를 잡은 손에서 기차가 자꾸 떨어졌다.

육상교통기관

Ⓣ ＩＰ 색지를 사용할 경우 견고하고 청결하게 기찻길을 만들기 위해 종이 위에 아세테이트지와 같은 투명 비닐을 덮는다. 유아들이 미끄러져 넘어지지 않도록 표면이 약간 거친 것을 사용한다.

기차표 사기

기차를 타고 이동하기

기차 기다리는 곳

■ 어떻게 하면 불편한 점을 해결할 수 있을까요?

　• 기차가 정차하는 역마다 이름을 정하고 표시한다.

　• 앉아서 기다리는 의자를 준비한다.

　• 기차를 편하게 잡을 수 있도록 기차에 손잡이를 만든다.

○ 놀이 평가 내용을 반영하여 필요한 것들을 보완한다.

관련활동

■ 이야기나누기 '기차와 기차역' (18쪽 참고)

■ 조형 영역 '기차표 만들기' (23쪽 참고)

■ 언어 영역 '기차에 관한 단어 카드 만들기' (33쪽 참고)

■ 동극 '기차 여행' (25쪽 참고)

■ 노래 '기차를 타고' (29쪽 참고)

활 동 3 기차표 만들기

활동목표

- 기차역에 필요한 시설을 안다.
- 기차 놀이에 필요한 것을 스스로 계획하고 만든다.

활동방법

○ 기차 놀이를 하기 위해 필요한 것들에 대해 의논한 것을 회상한다.

- 역할 놀이 영역에서 어떤 놀이를 하고 있나요?
  - 기차 놀이
- 기차 놀이에 어떤 것들이 필요하다고 했나요?
  - 선로
  - 승강장
  - 매표소
  - 기차표
  - 기차
  - 기차 출발 및 도착 시간표
  - 기차 노선도

○ KTX 승차권을 탐색한다.

- (KTX 승차권 샘플을 보여주면서) ○○○반 어린이들에게 보여주기 위해 KTX 승차권을 가지고 왔어요. 승차권에 어떤 것들이 표시되어 있는지 봅시다.
  - 출발역과 도착역이 적혀있다.
  - 기차를 타는 시간이 적혀있다.
  - 가격이 적혀있다.
  - 기차의 이름이 표시되어 있다.
  - 좌석 번호가 표시되어 있다.
- 출발하는 곳을 '출발지'라고 하고, 도착하는 곳을 '목적지'라고 해요. 이 승차권은 출발지가 '서울'이고 도착지가 '동대구'예요.
- 출발시간과 도착시간이 바로 밑에 적혀있어요. 기차를 타기 위해 낸 돈을 '운임요금'이라고 하는데, ('운임요금'이 적힌 부분을 가리키며) 여기에 표시되어 있네요.

집단형태
자유선택활동

활동유형
조형 영역

활동자료
기차역 사진, KTX 승차권 샘플, 종이, 색연필, 사인펜, 풀, 가위, 셀로판테이프

유아들이 만든 기차표

■ 모든 사람에게 각각 이름이 있듯이 KTX도 기차마다 이름이 있어요. 기차의 이름은 숫자로 정해져 있어요. 또 어떤 자리에 가서 앉아야 하는지를 알려주는 좌석번호도 적혀있어요.

■ 기차표를 무엇으로 만들면 좋을까요?

• 도화지를 승차권 크기와 비슷하게 자른다.

• 출발 시간, 출발지, 목적지, 운임요금, 기차이름, 좌석번호 등을 적는다.

○ 유아들과 함께 의논한 바를 토대로 방안놀이시간에 조형 영역에서 기차표를 만든다.

관련활동

■ 역할 놀이 영역 '기차 놀이' (20쪽 참고)

■ 이야기나누기 '기차와 기차역' (18쪽 참고)

■ 동극 '기차 여행' (25쪽 참고)

■ 노래 '기차를 타고' (29쪽 참고)

활동 4 기차 여행

활동목표

■ 기차와 기차역의 기능을 안다.
■ 등장인물의 특징을 파악하여 극으로 표현한다.

활동방법

○ 동화를 듣고 난 뒤 동극을 할 것임을 알려준다.

■ 동화를 듣고 동극을 하는 데 필요한 사항을 당부한다.

  • 어떤 등장인물이 나와서 어떤 말을 하는지 기억하면서 듣는다.

  • 동극을 하기 위해서는 어떤 준비물과 무대가 필요할지 생각하면서 듣는다.

○ '기차 여행' 융판 동화를 들려준다.

○ 유아들과 동화의 내용과 대사를 회상해본다.

■ 역에 도착하자 악어 기관사는 어떻게 말했나요?

  • "여기는 ○○○역입니다."

■ 기차에 처음 타고 있던 동물은 누구였나요? 다음으로 기차를 탄 동물은 누구였나요?

■ 먼저 기차에 타고 있던 동물들이 새로 기차에 탄 동물에게 무엇이라고 말했나요?

■ 기차가 가장 마지막으로 간 역은 어디였나요?

■ 기차가 ○○○역에 도착하자 기차에서 내린 동물들이 무엇을 했나요?

○ 동극 무대 꾸미기에 대해 의논하고 무대를 꾸민다.

■ 동극을 하기 위해서는 무엇이 필요할까요?

  • 놀이터, 기차역(질퍽질퍽 진흙길역, 큰 물결 호수역, 헐레벌떡 언덕역), 터널, 놀이동산

  • 동물들이 기차놀이에 사용할 의자

  • 동물들이 기다리는 곳

■ 무엇으로 준비하면 좋을까요?

○ 동극소품을 준비한다. **T**IP

○ 동극을 하기 위해 모여 앉는다.

○ 동극을 위해 준비한 무대와 소품을 확인한다.

○ 동극의 배역을 정한다.

TIP 유아들이 동화를 들은 후 실내자유선택활동 시간에 소품과 무대를 준비하게 한다. 소품과 무대를 맡은 유아들이 자신의 역할을 잊지 않도록 게시판에 적어 놓아서 수시로 확인하게 한다.

○ 배역을 맡은 유아들이 앞으로 나와 한 줄로 서서 자기소개를 한다.

○ 동극을 시작한다.

■ 지금부터 ○○○반 어린이들의 '기차 여행' 동극을 시작하겠습니다.

○ 동극이 끝난 후 한 줄로 서서 인사하고, 관객들은 답례로 박수를 쳐준다.

○ 동극을 평가한다.

■ 동극이 재미있었나요? 무엇이 재미있었나요?

■ 어떻게 하면 동극을 더 재밌게 할 수 있을까요?

○ 평가를 반영하여 2차 동극을을 한다.

○ 동극을 마친 후 무대와 소품을 유아들이 정리한다.

관련활동

■ 이야기나누기 '기차와 기차역' (18쪽 참고)

■ 노래 '기차를 타고' (29쪽 참고)

■ 신체(게임) '기차에 승객 태워 나르기' (31쪽 참고)

대 본

1.

(융판에 놀이터 배경판과 악어, 토끼 인형을 붙인 후) 어느 화창한 날 오후 악어와 토끼가 놀이터에서 놀고 있었어요. 악어가 토끼를 바라보며 이야기했어요.

악 어   우리 기차 놀이 하자.
토 끼   우와, 재미있겠다. 그래, 좋아!
악 어   나는 기관사, 너는 손님이야.

악어와 토끼는 (기차 모양자료를 붙이며) 종이상자로 기차를 만들고 (악어 인형과 토끼 인형을 기차 그림 위에 붙이며) 그 위에 올라탔어요.

2.

악어와 토끼가 탄 기차가 출발했어요. 기차는 한참을 달려 (돼지 인형이 붙어 있는 언덕 배경판을 놀이터 배경판 위에 붙이며) 힐레벌떡 언덕에 도착했어요. 힐레벌떡 언덕 위에는 돼지가 기차를 기다리고 있었어요.

악 어   끼익. 여기는 헐레벌떡 언덕역입니다.

돼 지   드디어 기차가 왔네. 헐레벌떡 뛰어왔더니 너무 힘들다. (기차 그림 위에 돼지 인
　　　　형을 붙이며)

토 끼   (토끼 인형을 움직이며) 돼지야, 넌 어디 가니?

돼 지   (돼지 인형을 토끼 인형 쪽으로 가까이하며) 이건 비밀인데…

토 끼   아하! 너도 거기 가는구나. 나도 거기 가는 중이야.

악 어   이제 출발합니다.

3.

악어와 토끼, 돼지가 탄 기차가 헐레벌떡 역에서 출발했어요. 기차는 헐레벌떡 언덕을 지
나 (오리 인형이 붙어 있는 호수 배경판을 붙이며) 큰 물결 호수에 도착했어요. 큰 물결 호수
에는 오리가 기차를 기다리고 있었어요.

악 어   끼익. 여기는 큰 물결 호수 역입니다. 어서 오세요.

오 리   드디어 기차가 왔네. 큰 물결이 일렁이는 호수를 헤엄쳐 왔더니 너무 힘들다. (기차
　　　　그림 위에 오리 인형을 붙이며)

호수에 있던 오리가 기차에 탑니다. 돼지가 오리를 바라보며 이야기했어요.

돼 지   (돼지 인형을 움직이며) 오리야, 넌 어디를 가니?

오 리   (오리 인형을 돼지 인형과 토끼 인형 쪽으로 가까이하며) 이건 비밀인데…

토끼·돼지   아하! 너도 거기 가는구나. 우리도 거기 가는 중이야.

악 어   이제 기차가 출발합니다.

4.

악어와 토끼, 돼지, 오리가 탄 기차가 큰 물결 호수 역을 출발했어요. 기차는 큰 물결 호수
를 지나 (기린 인형이 붙어 있는 산 배경판을 붙이며) 아주 높아 산에 도착했어요. 아주 높아
산에는 기린이 기차를 기다리고 있었어요.

악 어   끼익. 여기는 아주 높아 산 역입니다. 어서 오세요.

기 린   드디어 기차가 왔네. 아주 높은 산을 올라왔더니 너무 힘들다. (기차 그림 위에
　　　　기린 인형을 붙이며)

산에 있던 기린이 기차에 탑니다. 오리가 기린을 바라보며 이야기했어요.

오 리 (오리 인형을 움직이며) 기린아, 넌 어디를 가니?

기 린 (기린 인형을 돼지 인형과 토끼 인형, 오리 인형 쪽으로 가까이하며) 이건 비밀인데⋯

토끼 · 돼지 · 오리 아하! 너도 거기 가는구나. 우리도 거기 가는 중이야.

악 어 이제 기차가 출발합니다.

5.

악어, 토끼, 돼지, 오리, 기린이 탄 기차가 아주 높아 산 역을 출발했어요. 기차는 이제 어두운 터널을 향해 움직입니다. (터널 배경을 붙이며) 기차가 어두운 터널 안으로 들어갑니다.

악 어 기차가 덜컹거립니다. 모두 자리에 앉아 있으세요.

토끼 · 돼지 · 오리 · 기린 (기차를 그림을 약하게 흔들며) 덜컹덜컹 덜컹덜컹. 손잡이를
꽉 잡아!

6.

어두운 터널을 통과한 기차가 종착역인 다 놀러와 역을 향해 움직입니다. 기차가 (놀이동산 배경판을 붙이며) 다 놀러와 역에 도착했어요.

악 어 끼익. 여기는 다 놀러와 역입니다.

토끼 · 돼지 · 오리 · 기린 이제 도착했다!!

악 어 모두 차례대로 천천히 내려주세요.

(놀이동산 배경판을 뗀 후 동물 그림을 기차에서 하나씩 떼어 놀이터 배경판에 붙이며) 동물들이 차례차례 기차에서 내립니다.

기 린 준비되었니?

토끼 · 돼지 · 오리 응!

오늘은 바로 악어 기관사의 생일이었어요. 악어 기관사가 기차에서 내리자 모두 노래를 부르기 시작합니다.

토끼 · 돼지 · 오리 · 기린 생일 축하합니다. 생일 축하합니다. 사랑하는 악어의 생일 축
하 합니다.

활동목표

- 기차의 특성과 기능을 안다.
- 기차를 타면서 볼 수 있는 것에 관심을 갖는다.

활동방법

○ 기차를 타 본 경험에 대해 이야기를 나눈다.

- 기차를 타 본 적이 있나요?
- 언제 타 보았나요?
- 기차를 타고 어디에 갔나요?
- 어느 역에서 기차를 탔는지 기억나나요?
- 어느 역에서 기차에서 내렸는지 기억나나요?
- 기차가 움직이기 시작한 후 창문을 통해 바깥을 보았나요? 무엇을 보았나요?
  • 산과 들, 바다, 집, 하늘 등을 보았다.

○ 기차가 운행할 때 바깥 모습을 촬영한 사진(동영상)을 감상한다. 이때 '기차를 타고'를 배경음악으로 들려준다.

- 무엇이 보이나요?
  • 산과 들, 바다, 집 등이 보인다.

○ 교사가 노래를 들려준다.

- 사진을 보면서 함께 들었던 곡은 기차를 타고 움직이는 동안 창밖에서 보인 것들에 대한 이야기가 담긴 곡이에요. 어떤 노랫말이 있는지 잘 들어보세요.

○ 피아노 소리로 멜로디를 듣는다.

○ 다 같이 부른다.

○ 유아들의 생각을 반영하여 노랫말을 바꾸어서 불러본다.

- 기차 창문을 통해서 또 어떤 것들을 볼 수 있을까요?
- ○○에서 무엇을 찾아볼 수 있을까요?

관련활동

- 이야기나누기 '기차와 기차역' (18쪽 참고)
- 역할 놀이 영역 '기차 놀이' (20쪽 참고)
- 신체(게임) '기차에 승객 태워 나르기' (31쪽 참고)

기차를 타고

노래 김옥순
작곡 김태호

1. 기 — 차 타 고 신 — 나 게 달 — 려 가 보 자
2. 기 — 차 타 고 신 — 나 게 달 — 려 가 보 자

높 — 은 산 도 지 — 나 고 넓 은 들 도 지 나 고
높 — 은 산 도 지 — 나 고 넓 은 들 도 지 나 고

푸 — 른 산 을 지 날 땐 — 산 — 새 를 찾 고
따 — — 뜻 한 마 음 을 — 서 — 로 나 누 면

넓 — 은 바 다 지 날 땐 — 물 — 새 와 놀 고
처 — 음 만 난 옆 사 람 도 정 — 다 운 이 웃

설 — 레 임 을 가 득 안 고 달 — 려 가 보 자
즐 — 거 움 을 가 득 안 고 달 — 려 가 보 자

새 — — 로 운 세 — 상 이 자 꾸 자 꾸 보 인 다
아 — 름 다 운 세 — 상 이 자 꾸 자 꾸 보 인 다

활동 6 기차에 승객 태워 나르기

활동목표

- 기차의 모양과 기능에 관심을 가진다.
- 신체의 움직임을 통해 대근육 발달을 도모한다.

활동방법

○ 유아들이 양편으로 나누어 마주보고 앉는다.

○ 양편의 수가 같은지 알아보고, 양편의 수가 다를 때는 유아들과 의논하여 수를 같게 한다.

○ 준비물을 보며 게임 방법에 대해 소개한다.

- 기차를 타고 돌아오는 게임을 할 거예요.
- 게임을 하기 위해서 어떤 것들이 준비되어 있나요?
  - 훌라후프
- 훌라후프 두 개를 연결해 두었어요. 우리가 탈 기차는 두 칸(량)짜리 소형기차예요. 첫 번째 칸(량)은 누가 타는 곳일까요?
  - 기관사
- 기관사의 뒷 칸(량)은 누가 타는 자리일까요?
  - 승객
- 각 편에서 두 사람씩 나와서 기차를 타요. 도착역에 도착하면 기관사는 내려서 자리에 앉고, 뒷자리에 탔던 승객이 기관사가 되는 거예요. 뒷자리에 있던 사람이 기관사 자리에 타고 다시 출발역에 가서 기다리고 있는 손님을 뒷자리에 태워요.
- 두 번째 기관사가 도착역에서 내리면, 뒷자리에 앉았던 승객은 어떻게 해야 할까요?
  - 기관사 자리에 옮겨 타고 출발역으로 달려간다.
- 이와 같은 방법으로 마지막 손님을 태워서 도착역에 먼저 들어오는 편이 이기는 게임이에요.

○ 교사와 유아 2명이 나와서 시범을 보인다.

- 방금 설명한 방법대로 친구들에게 게임하는 것을 보여줄 수 있는 사람은 손을 들어봅시다.

집단형태
대집단활동

활동유형
신체(게임)

활동자료
훌라후프 4개 **T**IP , 대기선 표시

활동대형

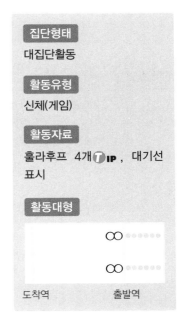

도착역   출발역

TIP 훌라후프를 2개씩 연결하여 2세트를 준비한다. 이때 훌라후프가 활동 도중 분리되지 않도록 비닐 끈이나 리본 끈으로 단단히 고정시킨다. 한 개의 훌라후프에는 기관차임을 알 수 있도록 표시를 해두어 유아들이 자신의 순서와 역할을 쉽게 구분할 수 있도록 한다.

- ■ ○○가 기관사, 선생님이 승객이 되어 볼게요. 준비, 출발!
- ■ 종착역에서 ○○기관사는 내리고, 승객이었던 선생님이 기관사가 되는 거예요. 그리고 기다리고 있던 △△가 새로운 승객이 되는 거예요.
○ 게임할 때 유의점에 대해 이야기 한다.
- ■ 게임을 할 때 어떤 점을 조심해야 할까요?
  - • 출발역에서 기다리는 사람들은 출발선 밖으로 나와 기다리지 않는다.
  - • 두 사람이 함께 움직이는 속도를 맞추어 간다.
  - • 도착역에 내린 사람들은 기다리는 사람들의 맨 뒤로 가서 앉는다.
○ 양 편의 기차 이름을 유아들과 함께 정한다.
○ 게임을 한다.
○ 게임을 평가한다.
○ 2차 게임을 한다.

기차에 승객을 태운 후 출발하기

관련활동

- ■ 이야기나누기 '기차와 기차역' (18쪽 참고)
- ■ 역할 놀이 영역 '기차 놀이' (20쪽 참고)
- ■ 동극 '기차 여행' (25쪽 참고)

활동 7 기차에 관한 단어 카드 만들기

활동목표

- 기차에 관한 단어를 쓰는 방법을 익힌다.
- 글자 쓰는 방법을 알고 관심을 갖는다.

활동방법

○ 기차에 대해 생각나는 것을 이야기한다.

- (기차 사진을 보여주며) 이것은 무엇인가요?
- 기차를 보면 무엇이 생각나나요?
  - 기차표, KTX, 기차역, 기찻길, 의자 등

○ 교사는 유아들이 이야기한 단어를 화이트보드에 기록한다.

- ○○가 이야기한 것을 글자로 적어 줄 거예요. 어떻게 쓰는지 보세요.

○ 유아들이 조각종이에 기차 관련 단어를 기록한다.

- 우리가 함께 이야기한 단어 중에서 쓰고 싶은 단어를 한 가지씩 골라서 방안놀이시간에 언어 영역에서 종이에 적어 보세요. **T**IP

○ 다음 날 단어를 기록한 종이와 단어에 해당하는 사진을 준비하여 유아들에게 소개한다.

- (단어 종이와 사진 종이를 각각 보여주며) 선생님이 ○○○반 어린이들이 이야기한 단어를 종이에 적어왔어요. 그리고 사진도 준비했어요. 어떤 것들이 있는지 봅시다.
- 이것은 무엇인가요?
  - 기차표, KTX, 기차역, 기찻길, 의자 등
- (빈 색지를 보여주며) 단어와 맞는 사진을 짝지어서 이 색지 위에 붙여보세요.
- 이와 같은 방법으로 단어 카드를 만들어 보세요.

○ 방안놀이시간에 기차 관련 단어와 사진을 짝짓고 색지에 붙여 단어 카드를 만든다.

- 종이에 적힌 글자와 사진을 보고 같은 것끼리 짝을 지어봅시다.
- 색지에 글자를 적은 종이와 사진을 붙이세요.

○ 대집단으로 모이는 시간에 단어 카드를 소개한다.

- 어떤 단어 카드를 만들었나요?

집단형태

자유선택활동

활동유형

언어 영역

활동자료

조각종이(10×5cm), 색지(B5 용지 1/2 크기), 필기도구(사인펜, 색연필, 연필, 지우개, 보드마카펜, 화이트보드 등)

TIP 유아들이 잘 볼 수 있는 위치에 화이트보드를 두어 교사가 글자를 써놓고 글자를 잘 못 쓰는 유아들이 보고 쓰도록 한다.

• 기차역

■ 기차역은 어떤 곳인가요?

• 기차를 타거나 기차에서 내릴 수 있는 곳이다.

○ 유아가 발표한 내용을 교사나 유아가 단어 카드에 기록한다.

○ 유아들이 완성한 단어 카드를 모아 단어 사전으로 만들어 언어 영역에 제공한다.

관련활동

■ 이야기나누기 '기차와 기차역' (18쪽 참고)

■ 역할 놀이 영역 '기차 놀이' (20쪽 참고)

■ 조형 영역 '기차표 만들기' (23쪽 참고)

지하철

활동목표

- 지하철의 특징과 기능에 대해 안다.
- 지하철을 이용하는 방법을 안다.
- 지하철역에 필요한 시설을 안다.

활동방법

○ 지하철의 특징 및 기능에 대하여 이야기를 나눈다.

- 지하철을 타 본 적 있나요? 지하철을 타고 어디에 갔나요? 어느 역에서 타고 내렸나요?
- 지하철은 어디로 다니나요?
  - 주로 땅 속에 만들어진 길로 다닌다.
  - 땅 위나 다리 위로 다니기도 한다.
  - 지하철이 다니는 길은 여러 개이다. 사람들이 알아보기 쉽도록 각각의 길마다 번호를 붙이고 다른 색깔로 표시했다.
- 지하철은 어떤 힘으로 움직일까요?
  - 전기의 힘을 이용하여 움직인다.
- 지하철의 좋은 점은 무엇일까요?
  - 먼 곳을 빠른 시간 안에 갈 수 있다.
  - 버스와 택시, 자가용은 길이 막히면 도착할 때까지 시간이 오래 걸릴 수 있지만 지하철은 정해진 시간에 따라 움직인다.
  - 비나 눈이 많이 와서 차가 다니기 어려운 경우에도 편리하게 이용할 수 있다.

○ 지하철을 타보는 현장학습 일정에 대하여 소개한다.

- 지하철을 타고 ○○에 현장학습을 갈 거예요
- ○○에 갈 때에는 □□역에서 타서 △△역에서 내릴 거예요.

○ 지하철을 타는 방법과 유의점에 대하여 이야기한다.

- 지하철을 타기 위해 지하철역에 도착하면 무엇부터 해야 하나요?
  - 지하철 표(1회용 교통카드)를 산다.
  - 개찰구의 '카드 대는 곳'에 카드를 댄다.
  - 에스컬레이터나 계단을 이용해서 승강장으로 내려간다. 에스컬레이터를 탈 때에는 계단에 표시된 노란색 선 안에 조심히 발을 내딛는다. 운동화 끈, 가

개찰구

들어가는 곳　　나오는 곳

지하철 승강장

1회용 교통카드

지하철과 지하철 타는 방법을 소개하는 사진자료 예

방 끈, 옷이 끼이지 않도록 조심한다. **TIP**

- 플랫폼에 줄을 선다. 안전선이나 스크린 도어 밖에 선다. 장난하지 않는다.
- 지하철을 탄다. 지하철이 완전히 멈추고 문이 다 열린 후에 탄다.

○ 지하철 안에서 지켜야 할 약속에 대하여 이야기나눈다.

- 지하철을 탄 후에는 어떻게 해야 하나요?
  - 의자가 비어있을 경우 걸어가서 앉는다.
  - 빈 의자가 없을 경우 양 끝의 봉을 잡고 선다.
- 지하철 안에서 지켜야 할 약속에는 무엇이 있을까요?
  - 큰 소리로 이야기하지 않는다. 공공장소이므로 다른 사람을 방해하지 않는다.
  - 지하철 안에서 돌아다니지 않는다.

○ 지하철에서 내리는 방법에 대하여 이야기를 나눈다.

- △△역에서 내릴 거예요. 지하철에서 내릴 때는 어떤 점을 조심해야 할까요?
  - 전 역인 '□□역' 안내 방송이 나오면 다음 역에서 내릴 것임을 생각하고 내릴 준비한다.
  - 선생님의 지시에 따라 탔던 문 앞에 두 줄로 선다.
  - 지하철이 완전히 멈춰서고 문이 다 열린 후에 내린다.
- 지하철에서 내린 후에는 어떻게 해야 할까요?
  - 지하철에서 모두 내린 후 짝과 함께 줄을 선다.
  - 개찰구를 통과한다.

유의점

- 지하철역 방문을 목적으로 현장학습을 실행하는 경우 유아들이 직접 교통카드를 구입하고 개찰구를 통과해 보도록 한다. 특정 현장학습 장소로의 이동수단으로 지하철을 이용할 경우 이동시간을 단축하기 위해 교사가 사전 답사 시 단체권을 구입한다. 이 경우 유아들이 개별적으로 지하철 표를 개찰구에 넣어 통과하는 절차를 생략하고 비상 개찰구로 단체로 통과할 수 있다.
- 지하철에 탑승할 때에는 보조교사나 학부모 조력자의 도움을 받아 반드시 성인의 지도하에 지하철을 탈 수 있도록 한다. 교사 혹은 학부모 1명이 유아 4명을 맡아 각기 다른 문에서 동시에 탑승하면 줄을 서서 기다리는 시간을 절약하고 혼잡함을 방지할 수 있다. 유아 4~5명씩 모둠을 구성하여, 각 모둠이 몇 번째 문으로 탑승할지 미리 알려준다.
- 교사가 유아들을 다 탑승시키고 마지막에 탐으로써 지하철을 못 타고 남겨지는 유아가 없도록 주의한다.

관련활동

- 수학 '지하철 노선도' (37쪽 참고)

활동 9 지하철 노선도

활동목표

■ 지하철의 편리함과 이용방법을 안다.

■ 일상생활에서 볼 수 있는 수에 관심을 갖는다.

활동방법

○ 유치원 근처의 지하철역 사진을 보고 이야기나눈다.

■ (지하철역 입구 사진을 보여주며) 여기가 어디일까요?

• ○○ 지하철역의 입구이다.

■ 지하철역 입구에 무엇이 있나요?

• 동그라미 모양의 간판이 있다.

• 간판 안에 '이대'라고 쓰여 있다. '241'이라는 숫자도 있다.

■ 간판 안에 쓰인 '이대'는 지하철역의 이름이에요. 이 역은 '이대역'이라고 불러요.

■ 간판 안에 쓰인 '241'은 무슨 뜻일까요?

• 지하철역의 번호이다. 이대역 번호는 241번이다.

■ 간판이 무슨 색인가요?

• 초록색이다.

■ 초록색 간판이 무엇을 뜻하는지 알고 있나요?

• 지하철이 다니는 길은 여러 개가 있다. 사람들이 길을 구분할 수 있도록 길마다 숫자와 색깔을 정했다. 이 중 이대역이 속한 2호선은 초록색이다.

• 2호선에 있는 모든 역들은 지하철역 입구 간판, 지하철, 지하철 안의 벽 등을 초록색으로 꾸며 사람들이 2호선임을 쉽게 알 수 있도록 했다.

○ 내가 살고 있는 동네의 지하철역에 대해 이야기 나눈다.

■ ○○○반 어린이들이 살고 있는 동네에서도 지하철역이 있나요?

■ 지하철역의 이름이 무엇인가요?

• ○○역

■ 지하철역 입구에 있는 간판이 무슨 색인가요?

○ 지하철 노선도를 살펴본다.

■ (지하철 노선도를 보여주며) 이것은 '지하철 노선도'에요. 지하철 노선도는 지하철이 다니는 길을 표시한 지도에요.

집단형태

대집단활동

활동유형

수학

활동자료

지하철역 입구·지하철역 내부 사진자료, 지하철 노선도

TIP 1

지하철역 입구 사진

지하철역 내부 사진

지하철 노선도

TIP 1 활동자료는 종이에 크게 출력(A3 크기 정도)하거나 파워포인트 자료로 제작한다.

■ 지하철 노선도에 어떤 것들이 표시되어 있나요?

   • 여러 가지 색깔의 선이 있다.

   • 각 선에는 역 이름과 역 번호가 있다.

■ 왜 선의 색깔이 서로 다르다고 했나요?

   • 지하철이 다니는 길이 여러 개인데, 길마다 숫자를 정하고 색깔을 다르게 표시했기 때문이다.

■ 모두 몇 개의 색깔로 표시되어 있나요? 함께 세어봅시다.

■ ○○색은 몇 호선인가요?

■ 이대역을 초록색 선에서 찾아봅시다.

■ 이대역 바로 앞에 있는 역의 이름은 무엇인가요? 번호는 몇 번인가요?

   • 신촌역

   • 이대역 번호(241)보다 하나 작은 240번이다.

■ 이대역 바로 뒤에 있는 역의 이름은 무엇인가요? 번호는 몇 번인가요?

   • 아현역

   • 이대역 번호(241)보다 하나 큰 242번이다.

■ ○○역 찾아봅시다. 무슨 색 선에 있나요?

■ ○○색은 몇 호선인가요? ○○역의 번호는 몇 번인가요?

○ 지하철 노선도를 이용하여 노선을 검색해 본다. **T**IP 2

■ 이대역에서 지하철을 타고 △△역까지 가려고 해요. 모두 몇 정거장을 가야 하나요?

■ 지하철 노선도에서 먼저 이대역을 찾아봅시다. 그리고 △△역을 찾아보세요. △△역은 어디에 있나요?

   • 이대역에서부터 ○번째 뒤에 있다.

관련활동

■ 이야기나누기 '지하철' (35쪽 참고)

TIP 2   서울메트로(www.seoulmetro.co.kr)나 서울특별시 도시철도공사(www.smrt.co.kr) 홈페이지를 방문하면 지하철 역의 수와 함께 지하철 탑승 소요시간을 검색할 수 있다.

여러 가지 교통기관 사진자료

노랫말자료

활동 10 더 빠른 것, 더 느린 것

활동목표

- 교통기관들의 특성에 관심을 갖는다.
- 교통기관 간의 빠르기를 비교한다.

활동방법

○ 여러 가지 교통기관을 살펴보며, 교통기관 간의 빠르기를 비교한다.
- (게시판에 사진을 붙이며) 어떤 교통기관들이 있나요?
  - 자전거, 자동차, 비행기, 로켓
- 이 교통기관 중에 어떤 교통기관이 가장 빠른가요?
  - 로켓
- 그 다음으로 빠른 것은 무엇인가요?
  - 비행기, 자동차, 자전거
- 비행기는 얼마나 빠른 것일까요?
  - 서울에서 제주도까지 비행기로 가면 약 한 시간이 걸린다. 그 시간은 우리가 아침에 등원해서 계획하기를 하고 방안놀이를 한 후 정리 정돈할 때까지의 시간이다.
- 만약 로켓을 타고 서울에서 제주도로 가면 얼마나 걸릴까요?
  - 시계의 가장 긴바늘(초 바늘)이 한 바퀴를 도는 동안, 1부터 60까지 세는 동안에 도착한다.
○ 노래를 들려준다.
○ 노랫말자료를 붙이며 노랫말을 살펴본다.
○ 다 함께 노래 부른다. **T**IP
○ 2절을 소개한다.
- 로켓보다 느린 것은 무엇인가요?
- 비행기보다 더 느린 것은 무엇인가요?
  - 자동차, 자전거
- 교통기관 중에 더 느린 것은 무엇일지 생각하며 2절을 불러 보도록 해요.
○ 노랫말을 바꾸어서 부른다.
- 또 어떤 교통기관들이 있나요?
- 어떤 것이 가장 빠른가요?
- 노랫말을 바꾸어서 불러봅시다.

집단형태
대집단활동

활동유형
노래

활동자료
여러 가지 교통기관 사진(자전거, 자동차, 비행기, 로켓, 노랫말자료, 게시판

TIP 노랫말 중 '로로로 로케트' 부분이 엇박자이다. 노랫말에 맞추어 손뼉을 치면서 부르면 박자에 맞추어 부르기 쉽다.

더 빠른 것 더 느린 것

작사 김옥련
작곡 김숙경

1. 자전거보다 더 빠른 것은 자동차 자동차 (짝 짝 짝)
2. 로켓트보다 더 느린 것은 비행기 비행기 (짝 짝 짝)

자동차보다 더 빠른 것은 비행기 비행기 (짝 짝 짝)
비행기보다 더 느린 것은 자동차 자동차 (짝 짝 짝)

비행기보다 더 더 빠른 것은 빠른 것은 로 로 로 로 켓트
자동차보다 더 더 느린 것은 느린 것은 자 자 자 자 전거

활동 11 교통안전표지판

활동목표

- 교통안전표지판의 기능을 안다.
- 교통안전표지판에 담긴 의미를 안다.

활동방법

○ 교통안전표지판의 필요성에 대해 이야기한다.

- (교통안전표지판을 보여주며) 길에서 이런 표지판을 본 적이 있나요?
- 이것은 길에서 차와 사람이 지켜야 하는 약속을 알려주는 표지판이에요.
- 왜 길에 표지판을 세워놓을까요?
  - 차들이 가고 싶은 방향으로 마음대로 가면 다른 차와 부딪쳐서 사고가 나기 쉽다.
  - 길마다 지켜야 할 약속이 여러 가지가 있는데 약속을 모두 기억하기 어렵다.
  - 처음 가는 길인 경우 어떤 약속을 지켜야 하는지 모른다.
- 도로에서 차와 사람이 모두 안전하게 다니려면 지켜야 할 약속이 꼭 필요해요.
- 차가 다니는 차도와 사람이 다니는 보도에서 지켜야 할 약속을 표시해 놓은 것을 '교통안전표지판' 이라고 해요.

○ 교통안전표지판의 모양과 색깔에 대해 이야기한다.

- (여러 가지 교통안전표지판을 보여주며) 무슨 모양인가요?
  - 동그라미, 네모, 세모, 역삼각형, 오각형, 팔각형
- 교통안전표지판에 무슨 색이 있나요?
  - 노란색, 하얀색, 파란색, 검은색
- 교통안전표지판은 알려주는 약속에 따라 여러 가지 모양과 색깔로 되어 있어요.
  - 도로가 위험한 상태이거나 조심해야 하는 것을 알려주는 표지판 : 세모모양, 노란색과 빨간색
  - 사람이나 차가 하면 안 되는 것을 알려주는 표지판 : 여러 가지 모양(동그라미, 네모, 세모, 역삼각형, 오각형, 팔각형), 빨간색
  - 사람이나 차가 해야 하는 것을 알려주는 표지판 : 여러 가지 모양(동그라미, 네모, 세모), 파란색

○ 교통안전표지판에 담긴 뜻을 알아본다.

- 교통안전표지판에 어떤 표시들이 있나요?

집단형태
대집단활동

활동유형
이야기나누기

활동자료
여러 가지 교통안전표지판 사진

어린이보호표지

도로공사중표지

보행자보행금지표지

통행금지표지

자전거전용도로표지

횡단보도표지

- 그림 : 사람(어른, 어린이), 자동차, 자전거, 화살표
- 글자 : 주차, 횡단보도, 정지 등
- 여러 가지 숫자

■ 교통안전표지판의 그림, 글자, 숫자에는 차와 사람들이 지켜야 할 약속이 담겨 있어요. 어떤 약속인지 알아봅시다.

(예)

- 어린이보호표지 : 어린이 또는 유아의 통행로나 횡단보도가 있다. 학교, 유치원 등의 통학ㆍ통원로 및 어린이 놀이터가 1km 이내에 있다.

- 도로공사중표지 : 도로나 도로 주변에서 공사를 하고 있다.

- 통행금지표지 : 사람이나 차가 지나다닐 수 없다.

- 보행자보행금지표지 : 사람이 지나다닐 수 없다.

- 횡단보도표지 : 사람들은 횡단보도로 건너야 한다.

- 자전거전용도로표지 : 자전거만 다니는 길이다.

■ 교통안전표지판에 표시된 약속을 지키지 않으면 어떤 일이 생길까요?
- 내가 지키지 않으면 다른 사람들까지도 사고를 당해서 다칠 수 있다.

○ 교통안전표지판 사진과 지시 내용을 벽면에 게시한다.

확장활동

■ 조형 영역에서 교통안전표지판을 보고 그린 후 이를 쌓기 놀이에 활용해본다.

활동 12 손에 손을 잡고

활동목표

- 노래에 맞추어 규칙성 있는 동작을 표현한다.
- 음악을 들으며 패턴화된 율동을 즐긴다.
- 다른 사람과 협동하여 활동에 참여한다.

활동방법

○ 음악을 들어본다.

- '손에 손을 잡고' 노래에 맞추어 율동을 할 거예요. 노래를 듣고 몸을 어떻게 움직여야 할지 생각해보세요.
- 어떤 노랫말이 나왔나요?
- 이 율동은 원이 되는 사람들과 술래가 되는 사람들이 노래에 나오는 이야기에 따라 몸을 움직이는 율동이에요.

○ 화이트보드에 그림을 그리며 각 동작을 소개한다.

① 준비

- 원을 만드는 사람들은 손을 잡고 동그랗게 서세요.
- 술래들은 원 안으로 들어가 서세요.
- 술래들은 원 안에서 움직일 때 서로 부딪히지 않도록 조금씩 떨어져 서세요.

② '손에 손을 잡고 빙글빙글 돌며 빙글빙글 돌며 재미있게 놀아요'

- 원을 만든 사람들이 서로 손을 잡은 채로 오른쪽으로 걸어가요.
- 술래들은 원 안에서 스키핑하면서 왼쪽으로 걸어가요.

③ '안과 밖을 다녀 안과 밖을 다녀 안과 밖을 다녀 짝을 찾아 보세요'

- 원이 되었던 사람들은 손을 놓고 제자리에 서서 노래가 끝날 때까지 손뼉을 치세요.
- 술래들은 원이 된 사람들 사이를 돌아다니는 거예요. 그런데 한 구멍으로 여러 술래들이 드나들면 어떻게 될까요?
  - 서로 부딪힌다.
- 술래들은 서로 부딪히지 않도록 다른 술래들이 어떤 구멍으로 들어가는지 보면서 들어가야 해요. 그러다가 '짝을 찾아 보세요' 라는 부분이 나오면 원을 만든 유아들 중에 짝을 하고 싶은 친구 한 명을 데리고 원 안으로 들어오세요.

집단형태
대집단활동

활동유형
율동

활동자료
'손에 손을 잡고' 악보, 피아노, 화이트보드, 보드마카펜, 지우개

④ '짝의 손을 잡고 빙글빙글 돌며 빙글빙글 돌며 재미있게 놀아요'
  ■ 이제 밖에 서 있는 사람들은 다시 서로 손을 잡은 채 오른쪽으로 걸어가요.
  ■ 술래들은 자기 짝의 양손을 잡고 제자리에서 빙글빙글 도는 거예요.
⑤ '이제 마주보며 서로 악수하고 친구들을 찾아 돌아가세요'
  ■ 원을 만든 유아들은 멈춰 서서 서로 손을 잡고 앞뒤로 흔드세요.
  ■ 술래들은 자기 짝과 마주서서 악수를 한 후 원이 된 유아들 사이로 스키핑하며 돌아가세요.
  ■ 조금 전에 술래들의 짝이 되었던 사람들은 원 안에 남아있어요. 새로운 술래가 되어 율동을 반복하는 거예요.
○ 20명의 유아가 교사와 함께 노래를 부르며 율동을 해본다. 이때 5명의 유아가 술래가 되며 15명의 유아들이 원을 만든다. **T**IP 1
○ 율동을 평가한다. **T**IP 2

TIP 1 원을 만드는 유아 수가 술래의 수보다 세 배 이상 많아야 한다.

TIP 2 유아들이 율동에 익숙해지면 학급 유아 전체가 한 원이 되어 율동을 해볼 수 있다. 이때 술래의 수를 늘린다.

율 동

설 명	동 작
① 준비 • 10~15명의 유아들이 손을 잡아 원을 만든다. • 원을 만들지 않은 유아들은 술래가 되어 원 안에 선다.	
② 손에 손을 잡고 빙글빙글 돌며 빙글빙글 돌며 재미있게 놀아요 • 원을 만든 유아들은 손을 잡고 오른쪽(시계 반대 방향)으로 박자에 맞추어 계속 걸어간다. • 술래가 된 유아들은 원 안에서 스키핑하면서 왼쪽(시계 방향)으로 박자에 맞추어 계속 걸어간다.	
③ 안과 밖을 다녀 안과 밖을 다녀 안과 밖을 다녀 짝을 찾아 보세요 • 원이 되었던 유아들은 손을 놓고 제자리에 서서 손뼉을 친다. • 술래가 된 유아들은 원이 된 유아들의 사이사이를 돌아다닌다. '짝을 찾아 보세요'라는 노랫말 부분이 나오면 원이 된 유아들 중 짝을 하고 싶은 유아 1명을 데리고 원 안으로 들어간다.	

설 명	동 작
④ 짝의 손을 잡고 빙글빙글 돌며 빙글빙글 돌며 재미있게 놀아요 • 원을 만든 유아들은 손을 잡고 오른쪽(시계 반대 방향)으로 박자에 맞추어 계속 걸어간다. • 술래가 된 유아들은 자기 짝의 양손을 잡고 제자리에서 빙글빙글 돈다.	
⑤ 이제 마주보며 서로 악수하고 친구들을 찾아 돌아가세요 • 원이 된 유아들은 손을 잡고 앞뒤로 흔들며 제자리에 선다. • 술래가 된 유아들은 짝과 마주보고 서서 악수를 한다. 그 후 원이 된 유아들 사이로 스키핑하여 돌아간다. • 조금 전에 술래가 된 유아들과 짝이 되었던 유아들은 원 안에 남아 새로운 술래가 된다.	

악보

손에 손을 잡고

1. 손 에 손 을 잡 고   빙 글 빙 글 돌 며
2. 안 과 밖 을 다 녀   안 과 밖 을 다 녀
3. 짝 의 손 을 잡 고   빙 글 빙 글 돌 며
4. 이 제 마 주 보 며   서 로 악 수 하 고

빙 글 빙 글 돌 며   재 미 있 게 놀 아 요
안 과 밖 을 다 녀   짝 을 찾 아 보 세 요
빙 글 빙 글 돌 며   재 미 있 게 놀 아 요
친 구 들 을 찾 아   돌 ― 아 ― 가 세 요

2. 해상교통기관

활 동 1 배의 종류

집단형태
대집단활동

활동유형
이야기나누기

활동자료
여러 가지 배 사진(여객선,
유람선, 크루즈, 카페리, 유조
선, 자동차운반선, 컨테이너
선, 냉동화물운반선, 항공모
함), 게시판

활동목표

■ 배는 하는 일에 따라 여러 종류가 있음을 안다.

■ 배의 용도와 내부 시설에 관심을 갖는다.

활동방법

○ 배의 종류에 대해 이야기를 한다.

　■ 배는 여러 종류가 있어요. 어떤 것들이 있나요?

　　• 유람선, 어선, 돛단배, 잠수함, 종이배 등

　■ 배는 하는 일, 쓰임새에 따라 생김새가 다르고 배 안의 모습도 달라요. 여러 가
　　지 배가 하는 일과 배 안의 모습에 대해 살펴봅시다.

○ 여객선의 용도와 종류, 내부 시설에 대해 이야기한다.

　■ 사람들을 먼 곳으로 데려다 주는 배를 '여객선' 이라고 해요.

　■ 여객선에는 사람들이 편안하게 여행하도록 도와주는 것들이 있어요.

　　• 매점과 식당 : 사람들이 간식을 살 수 있는 가게(매점)와 음식을 먹을 수 있는
　　　곳이다.

　　• 객실 : 오랜 시간 배를 타야 할 때 잠을 잘 수 있는 곳이다.

　　• 목욕탕 : 멀리 갈 때 몸을 씻을 수 있는 곳이다.

　■ 사람들이 안전하게 여행하도록 도와주는 것들도 있어요.

　　• 안전벨트 : 파도나 바람이 심하게 불면 배가 많이 움직이기 때문에 의자에 앉
　　　았을 때 안전벨트를 매야 한다.

　　• 구명조끼, 구명보트 : 암초나 다른 배와 부딪히는 사고가 일어났을 때 사람들
　　　이 배에서 안전하게 탈출할 수 있도록 도와준다.

　■ (카페리 사진을 보며) 여객선에 무엇이 있나요?

　　• 자동차

　■ 차를 태우는 여객선을 '카페리'라고 해요.

　■ 아름다운 곳, 유명한 곳을 구경할 때 타는 여객선이 있어요. 이것을 '유람선' 이
　　라고 해요.

　■ 유람선을 타 본 적이 있나요? 어디에서 유람선을 탔나요? 무엇을 보았나요?

　　• 서울(한강)

- 한강 주변을 둘러보면서 구경할 수 있다.

○ 화물선의 용도와 종류, 내부 시설에 대해 이야기한다.

- 물건을 옮기는 일을 하는 배를 '화물선'이라고 해요. 화물선은 실어 옮기는 물건에 따라서 여러 종류로 나눌 수 있어요. 어떤 것들이 있는지 알아봅시다.
  - 유조선 : 기름을 실어 옮기는 배
  - 자동차 운반선 : 자동차만 실어 옮기는 배
  - 컨테이너선 : 여러 가지 물건을 큰 상자(컨테이너)에 넣어서 옮기는 배
  - 냉동화물 운반선 : 고기나 생선을 얼린 상태로 실어 옮기는 배

○ 항공모함의 용도와 내부 시설에 대해 이야기한다.

- (항공모함 사진을 보여주며) 배 위에 어떤 것들이 있나요?
  - 제트기, 활주로 등
- 제트기가 바다 한 가운데에서도 날아갈 수 있도록 도와주는 배가 있어요. 이것을 '항공모함'이라고 해요.
- 항공모함은 어떤 일을 할까요?
  - 나라 주변의 바다에서 나라를 안전하게 지켜주는 일을 한다.

○ 특수선의 종류와 용도에 대해 이야기한다.

- 특별한 이유로 만들어진 배도 있어요.
  - 예인선 : 다른 배를 목적지까지 끌거나 밀어서 데려다 주는 배
  - 쇄빙선 : 바다가 얼었을 때 얼음을 갈라서 배가 지나갈 수 있는 길을 만드는 배
  - 해난구조선 : 바다에서 사고 당한 배를 구조하는 배
  - 병원선 : 바다에서 사고 당한 사람들을 치료하기 위해 병원처럼 만들어 놓은 배

관련활동

- 수학 · 조작 영역 '여러 가지 배' (50쪽 참고)
- 쌓기 놀이 영역 '항공모함 만들기' (56쪽 참고)
- 이야기나누기 '배에서 일하는 사람들' (54쪽 참고)

여러 가지 배

'여러 가지 배' 활동자료

활동목표

■ 배에는 여러 종류가 있음을 안다.

■ 게임 규칙을 알고 친구와 협력하며 놀이한다.

활동방법

○ 수학 · 조작 교구를 살펴보며 게임방법을 알아본다.

■ 무엇이 있나요?

• 4종류의 배(어선, 유조선, 화물선, 여객선)

• 4종류의 말 각각 4개씩

• 주사위, 게임판

■ 게임판에 어떤 그림이 있나요?

• 바다 그림이 있다.

• 바다에 여러 칸으로 이루어진 길이 있다.

• 바다 가운데에 섬 그림이 있다.

• 길 밖에는 항구가 4개 있다.

■ 각자 원하는 배를 정해서 항구 앞에 올려놓고 말 4개를 배 옆에 세우세요. 말들이 항구에서 출발해서 바다를 한 바퀴 돌아 다시 항구로 돌아오는 게임이에요.

■ 차례대로 주사위를 굴려 나온 수만큼 앞으로 가세요.

■ 만약 등대 불빛이 그려진 칸에 말이 도착하면 아무도 살지 않는 섬인 '무인도'에 들어가서 한 차례 쉬는 거예요.

■ '무인도 1회 탈출권' 은 무엇일까요?

■ 말이 '무인도 1회 탈출권' 칸 위에 도착한 경우 무인도 1회 탈출권 카드를 한 장 가질 수 있어요. 말이 등대 불빛 칸에 도착해도 이 카드를 내면 무인도로 가지 않을 수 있어요.

■ 말이 '두 칸 앞으로 가기' 칸에 도착하면 어떻게 해야 하나요?

• 말을 두 칸 앞으로 옮긴다.

■ 말이 '두 칸 뒤로 가기' 칸에 도착하면 어떻게 해야 하나요?

• 말을 두 칸 뒤로 옮긴다.

■ 말이 '자신의 항구로 가기' 칸에 도착하면 어떻게 해야 하나요?

- 주사위를 더 굴리지 않고 말을 자신의 항구로 바로 옮긴다.
■ 말이 항구에 도착하면 각자의 배에 넣으세요. 먼저 말 4개를 모두 배에 넣는 사람이 이기는 게임이에요.
○ 게임을 한다.
○ 유아들이 새로운 방법으로 놀이하기를 원할 경우 유아들의 의견을 반영하여 새로운 규칙을 정한다.

관련활동

■ 이야기나누기 '배의 종류' (48쪽 참고)

활동 3 돛단배

집단형태
대집단활동

활동유형
동시

활동자료
동시자료(입체자료, 글자자료), 낮은 책상, 게시판

활동목표

- 돛단배의 생김새에 관심을 갖는다.
- 비유적 표현의 뜻을 이해한다.
- 반복된 구절을 낭송하며 운율을 느낀다.

활동방법

○ 동시자료를 이용해 동시 내용을 소개한다.
  - 선생님이 무엇을 가지고 왔나요?
    • 잘 익은 배 한 개
  - 배를 여덟 명이 함께 나누어 먹으려면 몇 조각으로 잘라야 할까요?
    • 여덟 조각
  - 배를 반으로 나누니 몇 조각이 되었나요?
    • 두 조각
  - 또다시 반으로 나누니 몇 조각이 되었나요?
    • 네 조각, 여덟 조각
  - 배를 접시에 담아서 이쑤시개를 꽂으니 어떤 모양이 되었나요?
    • 돛단배

○ 교사가 동시를 낭송한다.
  - 이해경 작가가 지은 '돛단배' 동시를 낭송할게요.

○ 동시 내용 중 비유적 표현에 담긴 의미에 대해 이야기한다.
  - 이쑤시개를 꽂아서 접시 위에 놓인 배가 무엇처럼 보인다고 했나요?
    • 둥근 바다 위에 떠 있는 돛단배

○ 자료를 이용하여 교사가 다시 한 번 동시를 낭송한다.

○ 교사와 유아가 동시를 나누어 낭송한 후 처음부터 함께 낭송한다.
  - 처음부터 끝까지 다 함께 동시를 낭송해봅시다. 다른 사람들과 함께 속도를 맞추어서 적당한 크기의 목소리로 낭송해 보세요.

○ 입체자료와 글자자료를 언어 영역에 제공하여 유아들이 자유롭게 자료를 조작하며 동시를 감상하고 낭송할 수 있도록 한다.

돛단배

이해경

단물 줄줄
아빠 주먹만한
배 한 개

여덟 조각내어
접시에 얌전히 뉜다.

이쑤시개를
하나 하나
꽂으면

둥근 바다에 뜬
여덟 척
귀여운 돛단배

활동 4 배에서 일하는 사람들

집단형태

대집단활동

활동유형

이야기나누기

활동자료

배에서 일하는 사람들의 모습(선장, 항해사, 기관사, 승무원, 요리사)의 사진 또는 그림자료, 게시판

활동목표

■ 배에는 여러 가지 일을 하는 사람들이 있음을 안다.

■ 배에서 일하는 사람들의 역할에 관심을 갖는다.

활동방법

○ 배에서 일하는 사람들에 대해 이야기한다.

■ 배가 출발하기 전에 어떤 일을 해야 할까요?

• 사람들을 태운다.

• 짐을 싣는다.

■ 배가 물 위에 떠 있는 동안에는 어떤 일을 해야 할까요?

• 뱃길을 따라서 배를 운전한다.

■ 배에는 여러 가지 일을 하는 사람이 있어요. 배에서 어떤 사람들이 어떤 일을 하고 있는지 알아봅시다.

① 선장

■ 배에서 일어나는 모든 일을 책임지고 이끌어가는 사람이 있어요. 누구일까요?

• 선장

■ 선장은 배를 가장 오랫동안 타서 배에 대해서도 가장 잘 알고 있어요.

② 항해사

■ 배가 바다 위를 다닐 때 필요한 여러 가지 일을 하는 사람을 '항해사'라고 해요. 항해사는 어떤 일을 하는지 알아봅시다.

• 각종 구명설비(예: 구명복, 구명정, 구명줄 등)의 상태를 점검하고 관리한다.

• 항해 일정을 계획한다. 계획이 세워지면 바다의 깊이나 암초의 위치 등을 표시한 해도에 길을 표시하고 선장에게 확인을 받는다.

• 항구에 들어가고 나오기 위해 필요한 일을 한다.

• 배에 물건을 싣고 내리는 일을 한다.

③ 기관사

■ 배를 수리하거나 배 안에 있는 기계들을 점검하고 고치는 일을 하는 사람을 '기관사'라고 해요.

■ 기관사가 없다면 어떻게 될까요?

• 배가 고장 났을 때 고칠 사람이 없어서 위험하다.
④ 승무원
　■ 사람들이 타는 여객선에서 일하는 사람들이 있어요. 배를 타고 여행하는 사람들을 도와주기 위해 일하는 '승무원'이에요.
　■ 승무원은 승객들을 위해 무슨 일을 할까요?
　　• 승객들에게 배의 여러 장소를 소개하고 이용방법을 알려준다.
　　• 객실이나 식당, 매점 등에서 일하면서 배에 탄 사람들이 편안하게 여행할 수 있도록 도와준다.
　　• 승객들에게 구명조끼를 입는 방법, 구명보트를 타는 방법을 알려준다.
　　• 승객들이 안전수칙을 지키고 있는지 확인하여 안전사고가 일어나지 않도록 도와준다.
　　• 배가 암초에 부딪쳐서 가라앉거나 폭풍우를 만나 뒤집히거나 부서졌을 때 승객들이 안전하게 탈출할 수 있도록 도와준다.
⑤ 요리사
　■ 배가 오랫동안 항해를 하려면 배에서 음식을 먹어야 해요. 그럼 어떤 사람이 필요할까요?
　　• 요리사
　■ 요리사는 배에서 일하는 사람이나 승객들의 식사를 준비해줘요.
○ 배에서 일하는 사람들의 모습을 그림으로 그리고, 하는 일을 글로 적어 벽면에 게시한다.

관련활동
　■ 쌓기 놀이 영역 '항공모함 만들기' (56쪽 참고)
　■ 이야기나누기 '배의 종류' (48쪽 참고)

활동 5 항공모함 만들기

집단형태

자유선택활동

활동유형

쌓기 놀이 영역

활동자료

여러 가지 배 사진(여객선, 유람선, 크루즈, 카페리, 유조선, 자동차운반선, 컨테이너선, 냉동화물운반선, 항공모함), 게시판

TIP 유아들과 배의 종류에 대한 이야기나누기 활동 후 본 활동을 실시한다.

완성된 항공모함

관제탑

활동목표

■ 배는 하는 일에 따라 여러 종류가 있음을 안다.
■ 항공모함의 구조와 시설에 대해 관심을 갖는다.

활동방법

| 항공모함 만들기 |

○ 유아들과 배의 종류에 대해 이야기를 나눈 후 항공모함 놀이를 제안한다. **TIP**

○ 항공모함 놀이를 하기 위해 필요한 것들을 함께 알아본다.

■ (항공모함 사진이나 책을 살펴보며) 항공모함을 만들기 위해서 어떤 것들이 필요할까요?

• 항공모함, 제트기, 활주로, 관제탑, 격납고

■ 놀이에 필요한 것들을 무엇으로 준비할 수 있을까요?

• 항공모함 : 종이벽돌블록으로 크게 배 모양처럼 두른다.

• 제트기 : 쌓기 놀이 영역에 있는 비행기를 사용한다.

• 활주로 : 종이에 활주로처럼 크게 길을 그린 후, 넓은 판에 붙인다. 활주로 놀이판을 사용한다.

• 관제탑 : 블록(종이벽돌블록, 유니트블록 등)으로 쌓아 올린 후 그 안에 앉아 제트기가 이륙, 착륙할 수 있도록 지시한다. 관제탑 놀이판을 사용한다.

○ 각자 역할을 정하여 방안놀이시간에 놀이를 위해 필요한 것들을 준비한다.

| 항공모함 놀이하기 및 놀이 평가하기 |

○ 방안놀이시간에 항공모함을 만든 후 놀이하는 방법에 대해 이야기 나눈다.

■ 이 놀이를 하기 위해서 어떤 역할이 필요할까요?

• 관제탑에서 제트기 이·착륙을 지시하는 사람

• 활주로에서 제트기를 이·착륙시키는 사람

• 제트기를 관리하는 사람

• 항공모함을 관리하는 사람

○ 역할을 정한다.

○ 항공모함 놀이를 한다.

○ 항공모함 놀이를 한 후 놀이평가를 한다.

■ 항공모함 놀이가 재미있었나요? 어떤 점이 재미있었나요?

■ 놀이를 하면서 더 필요한 것이 있었나요?

• 실제 항공모함에서 관제탑은 배의 가장 높은 부분에 위치해 있어, 제트기가 움직이는 모습을 볼 수 있다. 놀이를 할 때 관제탑 안에 의자를 놓고 앉으면 보다 높은 곳에서 내려 볼 수 있을 것이다.

• 관제탑에서 일하는 사람들이 밤이 되면 누워 쉴 수 있도록 종이벽돌블록으로 침실을 만들면 좋겠다.

• 서로 맡은 역할들이 많은데 누가 어떤 역할을 맡았는지 잘 알 수 없다. 역할을 적은 이름표를 가슴에 달면 좋겠다.

○ 다음 방안놀이시간에 놀이에 더 필요한 것들을 준비하여 놀이할 때 사용한다.

관련활동

■ 이야기나누기 '배의 종류' (48쪽 참고)

■ 이야기나누기 '배에서 일하는 사람들' (54쪽 참고)

활주로에서 제트기 이·착륙시키기

관제탑에서 제트기 이·착륙 지시하기

관제탑에 의자를 놓고 관제탑 위치 바꾸기

잠수함이 뜨고 가라앉는 이유

집단형태
대집단활동

활동유형
과학

활동자료
낮은 책상, 잠수함 실험상자
(수조, 잠수함, 주사기, 레버),
잠수함 사진자료, 게시판

'잠수함이 뜨고 가라앉는 이유'
환경 구성

활동목표
■ 잠수함의 특징과 기능에 대해 안다.
■ 잠수함이 뜨고 가라앉는 원리에 관심을 가진다.

활동방법
○ 잠수함의 기능과 종류에 대해 이야기한다.
 ■ 물 속으로 다니는 배를 무엇이라고 하나요?
  • 잠수함
 ■ 잠수함을 타 본 적이 있나요? 잠수함을 타고 바닷속에서 무엇을 보았나요?
 ■ 물 속으로 잠수해서 다니면 무엇이 좋을까요?
  • 바닷속에 사는 동물, 식물을 볼 수 있다.
 ■ 바닷속에는 공기가 없어서 숨을 쉴 수가 없기 때문에, 오랫동안 잠수할 수 없어
  요. 또 깊은 바다일수록 물이 누르는 힘이 세기 때문에 깊은 바다로는 잠수를
  할 수 없지요. 그래서 사람들은 잠수함을 만들어 타고 바다 깊은 곳으로 갈 수
  있게 되었어요.
 ■ 잠수함은 하는 일에 따라 여러 종류로 나뉘어요.
  • 관광용 잠수함 : 사람들이 바닷속 풍경을 관람하기 위해 만들었다.
  • 조사용 잠수함 : 바닷속에 사는 동물, 식물, 땅의 모습 등을 조사하기 위해 만
   들었다.
  • 군사용 잠수함 : 군인들이 바다를 지키기 위해 만들었다.
○ 잠수함의 원리를 실험한다.
 ■ 잠수함은 어떻게 물속으로 다닐 수 있을까요?
 ■ 잠수함에는 물을 넣을 수 있는 통을 마련해 그 통에 물을 넣어 배를 무겁게 해서
  물 밑으로 가라앉는 거예요.
 ■ 다시 잠수함이 물 위로 떠오르게 하려면 어떻게 해야 될까요?
  • 물을 뺀다.
 ■ 잠수함에 넣었던 물을 다시 빼면 무게가 가벼워져요. 이때 한 가지 더 해야 하
  는 일이 있어요. 물이 빠지면서 생기는 빈자리에 공기가 들어갈 수 있도록 마개
  를 열어주어야 해요.

■ 이렇게 공기와 물이 서로 자리를 바꾸면서 잠수함은 떠오르고 가라앉는 거예요.
○ 과학 영역에서 실험을 할 수 있음을 안내한다.

■ 선생님이 보여준 잠수함 실험 준비물들을 과학 책상에 놓아 둘 거예요. 방안놀 이시간에 ○○○반 어린이들이 실험해볼 수 있어요. 이때 몇 가지 지켜야할 약 속이 있어요. 수조안에 무엇이 들어있지요?

•물, 잠수함

■ 물이 가득 들어있으므로 엎지르지 않도록 조심하세요. 또 실험을 하고 나서 옆 에 놓인 마른 걸레로 물기를 잘 닦으세요.

■ 잠수함에 구멍이 나거나 망가지면 물 위로 떠오르지 않으므로 조심해서 다루세요.

잠수함 실험하기

활동 7 거북선

집단형태
대집단활동

활동유형
이야기나누기

활동자료
거북선 사진, 게시판

활동목표
- 거북선의 유래와 특징을 안다.
- 전통문화에 친숙해지고 관심을 갖는다.

활동방법

○ 거북선 사진을 보며 거북선 모습을 탐색하고 구조와 특징을 이야기한다.
  - 거북선이 어떻게 생겼나요?
    • 거북이의 모양과 닮았다. 거북이가 엎드려 있는 모양과 비슷하다고 해서 '거북선'이라고 부른다.
    • 앞에는 용머리가 붙어 있으며 입 부분에 대포를 쏠 수 있는 구멍이 있다.
    • 몸 부분에는 양 옆으로 대포를 쏠 수 있는 구멍이 각각 6개씩 있고, 노가 각각 8개씩 달려 있다.
    • 뒤에는 꼬리가 달려 있으며 꼬리에도 대포를 쏠 수 있는 구멍이 있다.
    • 이처럼 거북선의 앞, 뒤, 양 옆에는 대포를 쏠 수 있는 구멍이 있어서 적이 거북선 주위를 둘러싸면 모든 구멍에서 대포를 발사해서 적을 잘 무찌를 수 있었다.
    • 지붕은 쇠로 덮은 다음 쇠못을 꽂아 적이 거북선으로 들어올 수 없게 하였다.
    • 안에서는 밖을 볼 수 있으나 밖에서는 안을 볼 수 없게 만들어졌다.
  - 거북선은 아주 튼튼한 재료로 만들어졌어요.
    • 두께가 두꺼운(약 12cm 이상) 튼튼한 소나무로 만들었다.
    • 바닷물 속에서도 녹슬지 않는 나무못을 사용했다.
○ 거북선의 유래와 만든 사람을 소개한다.
  - 거북선은 지금으로부터 약 400년 전, 우리나라가 '조선'이었을 때 만들어졌어요.
  - 거북선을 만든 분을 알고 있나요? 왜 거북선을 만들게 되었을까요?
    • 바다를 지키던 이순신 장군은 일본군(왜군)들과의 전투에서 이길 수 있는 튼튼한 배를 만들어야겠다고 생각하고, 나대용 장군과 함께 거북선을 만들었다.
○ 쌓기 놀이 영역에서 거북선 만들어보기를 제안한다.

유의점

■ 거북선의 형태와 구조에 대해 유아들이 이해하기 쉽도록 사전에 유아들의 관심
과 흥미, 사전 지식을 고려하여 내용 수준과 범위를 결정한다.

관련활동

■ 쌓기 놀이 영역 '거북선 만들기' (62쪽 참고)

활동 8 거북선 만들기

집단형태

자유선택활동

활동유형

쌓기 놀이 영역

활동자료

다양한 종류의 블록(종이벽돌 블록, 유니트블록 등)

> **TIP** 거북선에 대한 이야기나 누기 활동 시 보았던 사진 및 그림자료를 제시하여 유아들이 거북선 만들기를 계획하고 만들 때 참고하도록 한다.

활동목표

- 거북선의 구조와 생김새를 안다.
- 전통문화에 친숙해지고 관심을 갖는다.

활동방법

○ 거북선에 대해 이야기를 나눈 후, 거북선의 모습을 회상한다. **TIP**
  - 거북선의 머리는 어떻게 생겼나요?
  - 거북선의 등은 어떻게 생겼나요?
  - 거북선의 몸 옆에는 무엇이 있었나요?
○ 거북선을 만들 때 필요한 것에 대하여 이야기나눈다.
  - 우리들도 거북선을 만들어보기로 해요.
  - 거북선을 만들기 위해서 무엇이 필요할까요?
    - 배처럼 만들기 위해 종이벽돌블록을 사용한다.
    - 삼각형 유니트블록을 사용하여 거북선 등의 뾰족한 부분을 표현한다.
    - 작은 종이벽돌블록으로 용의 얼굴을 만든다. 종이에 용의 뿔과 눈, 이빨을 그려 붙인다.
    - 노는 길이가 긴 유니트블록으로 사용한다.
  - 또 무엇이 필요할까요?
    - 거북선을 타는 사람들이 쓸 모자가 필요하다.
  - 어떻게 준비할 수 있을까요?
    - 모자는 반구 형태의 블록, 역할 놀이 영역에 있는 큰 보울 등을 은박지나 반짝거리는 종이로 싸서 사용한다.
    - 긴 막대기는 재활용 종이를 말아 만든다.
○ 각자 역할을 맡아 거북선을 구성한다.
  - 거북선을 만들 사람, 거북선에 붙일 그림(용 얼굴, 대포 등)을 그릴 사람, 놀이에 필요한 소품을 만들 사람 등으로 역할을 나누어 놀이를 준비해봅시다.

사진을 보며 거북선 만들기

거북선 몸체 만들기

○ 거북선을 만들고 놀이한다.

완성된 거북선　　　　　　거북선 놀이하기

관련활동

- 이야기나누기 '거북선' (60쪽 참고)

3. 항공교통기관

활 동 1 비행기에서 일하는 사람들

집단형태

대집단활동

활동유형

이야기나누기

활동자료

비행기 조종실, 비행기 조종사, 승무원의 사진 또는 그림, 승무원이 기내에서 일하는 모습(예: 좌석벨트 착용안내, 기내 서비스 제공 등)의 사진 또는 그림, 게시판

'비행기에서 일하는 사람들'
이야기나누기 자료

TIP 여름방학 동안 비행기를 타고 여행을 다녀온 유아의 경험을 이야기 나눈다.

활동목표

■ 비행기에는 여러 가지 일을 하는 사람들이 있음을 안다.
■ 비행기에서 일하는 사람들의 역할에 관심을 갖는다.

활동방법

○ 비행기를 타 본 경험에 대해 이야기한다. **TIP**

■ 비행기를 타 본 적이 있나요?
■ 비행기를 타고 어디를 갔나요?

○ 비행기에서 일하는 사람들에 대해 이야기한다.

① 비행기 조종사

■ 이곳은 어디일까요?

• 비행기 조종실

■ 이곳에서 누가 일을 할까요?

• 비행기 조종사(파일럿)
• 비행기에는 대부분 두 명의 조종사가 함께 탄다.

■ 비행기 조종사는 무슨 일을 하나요?

• 비행기에 탄 사람들, 물건이나 짐이 목적지까지 안전하게 이동할 수 있도록 비행기를 조종한다.
• 비행기가 출발하기 전에 날씨, 도착 장소, 비행 경로, 비행기 상태 등을 확인한다.
• 비행기를 이륙시키고 착륙시킨다.
• 비행하기 전에 도착 장소, 비행 경로를 기계에 입력해두면 하늘을 나는 동안에 비행기가 자동으로 움직일 수 있다.
• 조종사는 비행기가 자동으로 하늘을 나는 동안에도 안전 상태를 계속해서 확인한다.

② 승무원

■ 승객들은 비행기 안에서 무엇을 하나요?

• 좌석에 앉아 있다.
• 비행기가 이륙, 착륙할 때 안전벨트를 한다.

- 비행기를 오랜 시간 탈 경우 식사도 하고 잠도 잔다.

■ 승객들을 도와주는 일을 하는 사람이 있어요. 누구인가요?

- 승무원

■ 승무원은 무슨 일을 할까요?

- 승객들이 안전하고 편안하게 여행할 수 있도록 도와준다.
- 비행기가 출발하기 전에 객실의 상황과 비행에 필요한 물건의 탑재 여부 등을 확인한다.
- 이·착륙 시 승객들의 좌석벨트를 확인하여 안전사고가 발생하지 않도록 도와준다.
- 환자나 특별한 도움이 필요한 승객을 보살펴 준다.
- 승객들에게 식사나 간식 등을 제공해 준다.
- 추락, 비상착륙 등의 비상사태가 발생하는 경우 승객들을 안심시키고 빠르고 안전하게 탈출시키는 일을 한다.

○ 비행기에서 일하는 분들을 대하는 태도에 대해 이야기한다.

■ 비행기에 조종사, 승무원, 보안요원이 없다면 어떤 일이 일어날까요?

- 비행기가 날 수 없다.
- 비행기를 안전하게 탈 수 없다.
- 비행기 안에서 편안하게 지낼 수 없다.

■ 비행기에서 승객들을 위해 일하는 분들을 어떻게 대해야 할까요?

- 부탁할 일이 있을 때 친절하게 말씀드린다.
- 예의바르게 행동한다.
- 감사하는 마음을 갖는다.

○ 비행기에서 일하는 사람들 활동자료를 언어 영역 벽면에 게시한다.

관련활동

■ 이야기나누기 '공항' (68쪽 참고)

■ 역할 놀이 영역 '공항 놀이' (71쪽 참고)

■ 동화 '비행기' (76쪽 참고)

■ 사회 '비행기의 역사' (84쪽 참고)

집단형태
대집단활동

활동유형
이야기나누기

활동자료
공항 모습을 담은 사진자료,
게시판

활동목표

- 공항 시설의 종류와 기능을 안다.
- 공항의 발전과정에 관심을 갖는다.
- 공항에서 일하시는 분들의 역할을 안다.

활동방법

○ 공항을 이용해 본 경험과 공항의 뜻에 대해 이야기한다.

- 공항에 가 본 적이 있나요? 어느 공항에 갔었나요? 왜 갔었나요?
- 공항에서 무엇을 했나요? 어떤 것을 보았나요?
- 비행기가 이륙 또는 착륙할 때 필요한 도로와 도구, 기계 등이 있는 곳을 '공항'
  이라고 해요.

○ 공항에 있는 것들에 대해 이야기한다.

- 비행기가 이륙하고 착륙하기 위해서는 여러 가지 시설이 필요해요.
  - 활주로 : 비행기가 이륙, 착륙할 때 달리는 길
  - 주기장 : 비행기를 세워 두는 곳
  - 공항관제탑 : 비행장의 안전을 위하여 모든 비행기의 이륙, 착륙을 관리하고,
    비행장을 관리하는 곳
  - 격납고 : 비행기를 보관하거나 정비하는 곳
  - 보안시설 : 비행기가 안전하고 정확하게 이륙, 착륙할 수 있도록 도와주는 도
    구나 기계(예 : 표시등, 유도등, 풍향계 등)
- 공항에는 승객들이 이용할 수 있는 장소도 있어요. 어떤 곳일까요?
  - 비행기를 타기 위한 준비(예 : 항공권 발권, 짐 부치기 등)를 하는 곳
  - 비행기를 타는 곳과 내리는 곳
  - 승객들이 비행기를 기다리는 동안 편리하게 이용할 수 있는 곳(예 : 약국, 편
    의점, 은행, 서점, 면세점 등)

○ 공항에서 일하는 사람들에 대해 이야기한다.

- 공항에는 어떤 사람들이 일을 하고 있을까요?
  ① 항공사 직원
  - 비행기 예약하는 것을 도와준다.

- 비행기 탑승권을 발권해주고, 승객들이 짐 부치는 것을 도와준다.
② 출입국관리직
- 우리나라에서 외국으로 나가는 사람, 외국에서 우리나라로 들어오는 사람을 확인한다.
- 잘못을 저지른 사람이 외국으로 도망가거나 위험한 사람이 우리나라에 들어오는 것을 막는다.
③ 항공 교통 관제사
- 비행기 조종사와 연락을 주고받으면서 비행기가 날아가는 길을 관리하고 안내해 준다.
- 바람의 방향이나 속도, 구름 상태 등 날씨를 확인하고 비행기의 이륙, 착륙 시간을 정해 준다.
④ 비행기 정비사
- 비행기는 하늘을 날기 때문에 비행하는 중에 고장이 나면 매우 위험하므로 비행기 정비사가 비행기를 점검해서 문제가 있는지를 미리 확인하고 수리하는 것이 중요하다.
- 비행기 몸체나 비행기 운행에 필요한 장비, 부품을 검사한다.
- 비행기에 문제가 있는 경우에 수리하여 비행기를 안전하게 관리하는 일을 한다.
- 비행기에 연료를 채워주거나 비행기를 깨끗하게 닦는 일을 한다.
⑤ 공항소방구조대
- 공항의 건물에서 불이 났을 때 불을 끄고 불이 난 이유를 찾아낸다.
- 비행기 사고 발생 시 사람들을 구조해 준다.
- 공항에서 불이 나지 않도록 예방하는 일을 한다.
○ 공항의 발전에 대해 이야기한다.
■ 공항은 왜 생겨나게 되었을까요?
- 처음 비행기가 발명되었을 때는 다른 나라로 우편물을 옮기는 데 주로 사용하였다. 따라서 공항에 비행기가 이륙, 착륙할 수 있는 넓은 공간과, 공항에서 일하는 사람들이 사용할 사무실과 식당만 있었다.
- 점차 비행기를 만드는 기술이 발전해서 비행기가 더 높이 날게 되고, 크기가 커지면서 활주로의 길이도 더 길어지고, 큰 비행기가 머물 수 있는 장소를 만들게 되었다.
- 비행기를 이용해서 물건을 옮기거나 사람들이 다른 장소로 이동하는 일이 많아졌다. 따라서 승객들이 편리하게 비행기를 탈 수 있고, 비행기를 타기 위해 기다리는 시간 동안 편안하게 머물 수 있는 장소를 만들게 되었다.
■ 공항은 지금도 계속해서 발전해가고 있어요.
- 공항과 도로, 철도, 지하철을 연결해서 비행기를 타려는 승객들이 더 편리하게 공항에 도착할 수 있도록 했다.

- 공항에서 비행기를 타는 데 소요되는 시간을 줄일 수 있는 방법을 연구하고 있다.
- 여러 종류의 상점, 식당, 영화관, 박물관 등을 마련하여 승객들이 공항에서 편리하고 즐겁게 시간을 보낼 수 있도록 한다.

관련활동

- 역할 놀이 영역 '공항 놀이' (71쪽 참고)
- 이야기나누기 '비행기에서 일하는 사람들' (66쪽 참고)

활동 3 공항 놀이

집단형태
자유선택활동

활동유형
역할 놀이 영역

활동자료
공항에서 볼 수 있는 것들 사진이나 책(활주로, 비행기, 공항관제탑, 항공사 직원, 출입국 관리직, 비행기 정비사, 항공 교통 관제사 등), 게시판, 다양한 블록, 의자, 하드보드지와 투명비닐로 만든 창문, 조종석 놀이판, 비행기표, 여권 등

활동목표

■ 공항 시설의 종류와 기능을 안다.

■ 공항에서 일하시는 분들의 역할을 안다.

활동방법

| 공항 놀이 준비하기 |

○ 유아들과 공항에 대해 이야기한 것을 회상한다.

■ 공항은 무슨 일을 하는 곳인가요?

• 비행기가 이·착륙할 때 필요한 도로와 도구, 기계 등이 있는 곳

■ 공항에서 어떤 것들을 볼 수 있나요?

• 활주로, 비행기, 공항관제탑 등

■ 공항에는 어떤 사람들이 일을 하나요?

• 항공사 직원, 출입국 관리직, 비행기 정비사, 항공 교통 관제사 등

■ 교실에서 직접 공항 놀이를 해 봅시다.

○ 유아들과 공항 놀이를 위해 필요한 것들에 대해 알아본다.

■ 공항을 어디에 만들면 좋을까요?

• 역할 놀이 영역을 공항 놀이를 위한 영역으로 바꾼다.

• 현재 역할 놀이 영역에 있는 것 중 ○○○반 어린이들이 잘 가지고 놀지 않는 것들을 공항 놀이에 필요한 것으로 바꾼다.

■ 또 어떤 것들이 필요한가요?

• 비행기 표를 구입할 수 있는 곳, 비행기를 타러 들어갈 때 지나가야 하는 검색대, 공항에서 비행기로 가기 위한 길, 비행기 등

■ 놀이에 필요한 것들을 어떻게 준비할 수 있을까요?

• 비행기 표를 구입하는 곳 : 책상과 의자, 비행기 표를 준비한다.

• 출입국 심사하는 곳 : 책상과 의자, 손님들의 여권에 찍어줄 도장을 준비한다.

• 검색대 : 양 옆에 종이벽돌블록을 높게 쌓아 만든다. 또는 검정 파이프를 재활용하여 검색대를 만든다.

• 공항에서 비행기로 가기 위한 길 : 종이벽돌블록으로 깔아 길을 만든다.

• 비행기 : 의자를 놓아 조종석과 객석을 만든다. 조종석 앞부분에 종이벽돌블

출입국 심사하는 곳

록을 쌓아 창문을 만들거나 하드보드지 가운데를 뚫고 아스테이트지로 발라 투명 유리처럼 만든다. 조종석 놀이판을 만들어 사용한다.

○ 각자 역할을 정하여 방안놀이를 위해 필요한 것들을 준비한다. **TIP**

TIP 여권이나 비행기표 등은 실물을 복사하거나 유아들이 실물을 보고 만들게 하여 실감나게 놀이할 수 있도록 한다.

| 공항 놀이하기 및 놀이 평가하기 |

○ 공항 놀이에 필요한 역할에 대해 이야기나눈다.

■ 공항 놀이에는 어떤 역할이 필요한가요?

- 항공사 직원
- 출입국 관리직
- 비행기 조종사
- 비행기 손님

■ 항공사 직원은 어떤 일을 하나요?

- 비행기를 타려는 손님이 오면 어디까지 갈 것인지 묻는다.
- 출발, 도착 장소와 비행기 좌석 번호를 비행기 표에 쓴다.
- 손님에게 돈을 받고 비행기 표를 준다.

■ 출입국 관리직은 어떤 일을 하나요?

- 비행기를 타려는 손님들이 오면 차례로 여권을 확인한다.
- 몸에 위험한 물건이 없는지 확인한다.

■ 비행기 조종사는 어떻게 해야 하나요?

- 조종석에 앉아서 비행기를 조종한다.
- 이륙할 때 방송을 해서 손님들에게 출발할 것임을 알리고 안전벨트를 매도록 주의시킨다.
- 조종석 놀이판을 조작하며 비행기를 조종한다.
- 착륙할 때 방송을 해서 손님들에게 도착할 것임을 알리고 안전벨트를 매도록 주의한다.

■ 손님은 어떻게 해야 하나요?

- 비행기표를 구입하는 곳에서 직원에게 가고 싶은 곳을 말한다. 돈을 내고 비행기표를 산다.
- 여권과 짐을 챙겨서 검색대를 통과한다. 출입국을 관리하는 직원에게 여권을 보여준다.
- 비행기표의 좌석 번호와 같은 번호의 의자에 앉는다.
- 조종사의 주의 사항을 잘 듣고 안전벨트를 맨다.

○ 역할을 정한다.

○ 공항 놀이를 한다.

○ 놀이를 한 후 놀이평가를 한다.

■ 공항 놀이가 재밌었나요? 어떤 점이 재밌었나요?

공항 놀이하기

■ 놀이를 하면서 더 필요한 것이 있었나요?

• 비행기 안에서 식사를 할 수 있으면 좋겠다. 역할 놀이 영역의 음식 소품을 사용한다.

• 비행기 안에서 손님들에게 여러 가지 도움을 주는 승무원이 있으면 좋겠다. 승무원은 손님들에게 좌석을 안내하고, 기내식을 주고, 비상 시 대피하는 방법 등을 알려준다.

○ 다음 방안놀이시간에 놀이에 더 필요한 것들을 준비하여 놀이할 때 사용한다.

관련활동

■ 이야기나누기 '공항' (68쪽 참고)

■ 이야기나누기 '비행기에서 일하는 사람들' (66쪽 참고)

■ 동화 '비행기' (76쪽 참고)

육상교통기관
해상교통기관
항공교통기관
우주선

놀이평가 반영하여 놀이하기
– 승무원이 식사 대접하기

활동 4 여권 만들기

<table>
<tr><td>

집단형태

자유선택활동

활동유형

조형 영역

활동자료

여권 샘플, 종이로 만든 여권 (겉면은 초록색, 속면은 흰색 종이 15장의 가운데를 스테이플러로 찍고 반으로 접은 것), 여권 속장에 붙일 종이, 여권마크가 인쇄된 종이, 풀, 사인펜, 네임펜, 연필, 지우개

</td><td>

활동목표

■ 여행을 하기 위해 필요한 물건이 있음을 안다.

■ 놀이에 필요한 물건을 스스로 만들어 활용한다.

활동방법

○ 공항 놀이에 필요한 것들에 대해 의논한 것을 회상한다.

  ■ 공항 놀이를 할 때 무엇이 필요했나요?

    • 비행기표, 여권 등

  ■ 공항 놀이에 필요한 여권을 만들어봅시다.

○ 여권을 살펴보며 여권에 대해 이야기나눈다.

  ■ (여권을 보여주며) 여권은 왜 필요한가요?

    • 다른 나라를 여행할 때 여행하는 사람이 어느 나라 사람인지, 어떤 사람인지를 나타내기 위해 필요하다.

  ■ 여권의 겉장에는 무엇이 적혀있나요?

    • '대한민국' 글자(한글, 영어), 대한민국을 나타내는 마크, '여권' 글자(한글, 영어)

  ■ 여권 속의 가장 앞장에는 무엇이 적혀있나요?

    • 여권을 가지고 있는 사람이 다른 나라에서 다닐 수 있도록 허락해줄 것을 부탁하는 말이 적혀있다.

  ■ 여권을 가지고 있는 사람에 대한 정보도 있어요. 어떤 것들이 적혀있나요?

    • 사진, 이름, 생일, 성별, 국적, 여권을 만든 날짜 등

  ■ 여권의 속장에는 무엇이 있나요?

    • 우리나라를 나타내는 그림이 배경으로 그려져 있다.

    • 다른 나라와 우리나라를 오고 갈 때 공항에서 받는 표시, 도장 등이 찍혀 있다.

  ■ 여권 속의 뒷장에는 무엇이 적혀있나요?

    • 여권을 가지고 있는 사람의 주소, 전화번호 등

○ '여권 만들기' 조형 활동 방법에 대해 이야기나눈다.

  ■ 여권을 만들어 봅시다.

    • 여권의 겉면에 마크를 풀로 붙이고 글자를 쓴다.

</td></tr>
</table>

- 준비된 종이에 자신의 얼굴 그림을 그리고, 이름·국적·생일·성별 등을 적는다. 여권의 속장에 붙인다.
○ 유아들이 만든 여권을 방안놀이시간에 역할 놀이 영역에서 활용하여 놀이한다.

관련활동

- 역할 놀이 영역 '공항 놀이' (71쪽 참고)
- 이야기나누기 '공항' (68쪽 참고)
- 이야기나누기 '비행기에서 일하는 사람들' (66쪽 참고)

여권의 겉면에 마크 붙이기

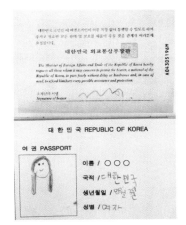
유아들이 만든 여권

집단형태

대집단활동

활동유형

동화

활동자료

비행기 탑승 과정과 비행기 안에서의 모습을 담은 그림책[예: '아하! 비행기'(감 글·그림, 엘빅미디어), '혼자서 비행기를 탔어요'(올리비에멜라노 글·그림, 배은주 옮김, 파랑새 어린이)]을 활용해 제작한 동화자료, 컴퓨터, 빔 프로젝터, 스크린 등

활동목표

- 공항 시설의 종류 기능에 관심을 갖는다.
- 비행기 탑승 과정에 관심을 갖는다.
- 비행기 내부 시설에 관심을 갖는다.

활동방법

○ 비행기를 타 본 경험을 이야기한다.

- 비행기를 타 본 사람이 있나요?
- 비행기를 타기 전에 어떤 일을 했나요?
- 비행기 안에서 어떤 일을 했나요? 무엇을 보았나요?

○ 동화 '아하, 비행기(혼자서 비행기를 탔어요)'를 들려준다.

- 비행기를 타기 전에 어떤 일들을 해야 하는지, 비행기 안에서는 무엇을 할 수 있는지를 알려주는 동화를 들려줄게요.

○ 동화 내용에 대해 이야기를 나눈다.

- 공항에서 비행기를 타기 전에 어떤 일들을 했나요?
  - 짐을 짐칸에 따로 싣기 위해 짐을 관리하는 직원에게 먼저 보낸다.
  - 보안검색대를 통과한다.
  - 탑승구 입구에서 여권과 탑승권을 확인받은 다음 비행기 안으로 들어간다.
- 비행기 안에서 어떤 일들이 있었나요?
  - 승무원이 자리를 안내해 주었다.
  - 승무원이 위험한 상황에서 안전하게 대피하는 방법을 알려주었다.
  - 음식을 먹었다.

○ 유아들과 비행기에서 할 수 있는 일, 비행기 내부 시설 등에 대해 궁금한 점을 이야기나눈다.

- 비행기에 대해 궁금한 점이 있나요?
  - 비행기에서 또 어떤 일을 할 수 있나요?
  - 비행기에서 먹는 음식은 누가 만드나요?

○ 방안놀이시간에 교사와 도서실에서 책을 찾아보거나 인터넷을 검색해서 알아볼 것을 제안한다.

육상교통기관

해상교통기관

항공교통기관

우주선

활동 6 나리에게 일어난 일

집단형태

대집단활동

활동유형

동화(창작동화)

활동자료

교사가 제작한 동화 2~3컷, 유아가 제작할 동화 컷 양식, 기록용구(화이트보드, 보드마카펜 등), 필기도구

교사가 제작한 동화 컷 예

유아가 제작할 동화 컷 양식

⒯IP 1 유아들이 동화를 지어 나갈 수 있도록 교사가 동화의 첫 장면을 들려준다. 유아들이 교사의 이야기에 이어서 자유롭게 상상을 펼쳐나갈 수 있게 흥미로운 내용을 들려준다.

활동목표

■ 비행기의 특징을 안다.

■ 이야기를 창의적으로 구성한다.

활동방법

○ 교사가 '나리에게 일어난 일' 동화의 시작 부분을 창작하여 들려준다. **⒯IP 1**

■ 어느 날 아침, 나리라는 아이가 유치원에 가려고 준비하고 있었어요. 세수를 하고, 이를 닦고, 옷을 입고 있는데 갑자기 집 밖에서 '쾅' 하는 소리가 났어요. 깜짝 놀란 나리는 집 밖에 나가봤어요. 그랬더니 집 앞에 비행기가 한 대 있는 거예요.

○ 교사가 창작한 부분에 이어 유아들이 동화를 창작해나간다. 유아들이 동화 속 주인공이 되어 이야기를 상상한다.

■ 비행기를 보고 나리는 어떤 생각을 했을까요?

• 비행기를 탈까 말까 생각했다.

■ 만약에 ○○○반 어린이들이 나리라면 어떻게 했을 것 같나요?

• 비행기를 탔을 것이다.

• 비행기를 타지 않고 유치원에 갔을 것이다.

■ 또 어떤 일이 일어났을까요?

• 비행기를 타고 다른 나라로 여행을 떠났을 것이다.

• 유치원에 가서 친구들에게 비행기 본 이야기를 했을 것이다.

○ 동화를 만드는 방법을 이야기한다.

■ ○○○반 어린이들의 생각을 모아서 동화를 만들 거예요.

■ 첫 번째 사람이 이야기를 지으면 두 번째 사람이 앞에 이야기를 읽고 다음 이야기를 짓는 거예요. 이렇게 순서대로 이야기를 지어서 ○○○반 어린이들의 생각이 모두 담긴 동화를 완성할 거예요.

○ 동화 제작 순서를 정한다.

■ 어떤 방법으로 순서를 정하면 좋을까요?

• 제비뽑기를 한다.

■ 차례대로 나와서 상자 안에 들어있는 종이를 뽑으세요. 종이에 적힌 숫자가 몇

인가요? 칠판에 적힌 숫자 옆에 자신의 이름을 적으세요. **T**IP 2

○ 방안놀이시간에 유아와 함께 지금까지 만들어진 동화를 읽어본다.

　■ 지금까지 만들어진 동화를 읽어봅시다.

○ 유아들이 지은 이야기와 어울리는 그림을 그려서 맡은 부분을 완성한다.

○ 동화가 모두 완성되면 전체 학급 유아들에게 들려준다.

　■ 지금까지 ○○○반 어린이들이 차례대로 이어서 만든 동화가 완성되었어요.

○ 동화를 감상한 느낌을 이야기한다.

　■ 어떤 부분이 재미있었나요?

　　• 거인이 너무 커서 나리의 집 문으로는 들어오지 못한 부분

　　• 나리가 거인에게 카레, 자장밥 만드는 방법을 알려준 부분

○ 유아들이 만든 동화는 책으로 만들어 언어 영역에 제공하거나 각 장면을 순서대로 벽면에 게시하여 자유롭게 읽을 수 있도록 한다.

관련활동

■ 동화 '비행기' (76쪽 참고)

동화내용

■ 2010년도 개나리반 유아들이 만든 창작동화이다.

항공교통기관

TIP 2　동화 짓는 순서를 유아들이 스스로 확인할 수 있도록 화이트보드나 큰 종이에 미리 숫자가 적힌 표를 만들어 놓고, 유아들이 제비뽑기를 한 후 이름을 적도록 한다.

동화내용	그림
1. 교사 창작 부분 "나리야, 나리야. 어서 일어나렴. 유치원에 가야 할 시간이 지났어. 어서 일어나야겠어." "아, 큰일이다. 유치원에 늦겠어." 나리는 늦잠을 자서 유치원에 늦게 되었어요. 어머니는 나리가 서두르지 않자 먼저 나가있겠다고 하셨지요. 나리는 부지런히 준비하기 시작했어요. 그런데 갑자기 "쾅!!"하는 소리가 들렸어요.	
2. 교사 창작 부분 "이게 무슨 소리지? 밖에 나가봐야겠다!" "와, 이게 뭐야? 정말 커다란 비행기잖아!" 밖에는 커다란 비행기가 있었어요. 나리는 비행기를 한참 살펴보았어요. "이 비행기가 어디에서 왔을까? 비행기를 한 번 타볼까? 아니야, 안에 누가 있으면 어떻게 하지?"	

동화내용	그 림
3. 유아 창작 부분 나리는 비행기를 살펴보았어요. "들어가 볼까?" 나리는 비행기에 들어가보기로 했어요. 비행기 안에는 아무도 없었어요. 그런데 뒤에서 '부스럭' 하는 소리가 들렸어요. 뒤를 돌아보니 아빠가 계셨어요.	
4. 유아 창작 부분 사실은 아빠가 비행기 조종사였어요. 아빠는 나리와 엄마를 태우고 공항에 갔어요. 공항에 도착한 아빠는 나리에게 집채만큼 큰 초콜릿을 사주셨어요.	
5. 유아 창작 부분 아빠와 엄마와 나리는 커다란 초콜릿을 가지고 콩나무 나라에 갔어요. 콩나무 나라는 거인이 살고 있는 나라였어요. 거인을 만난 나리는 거인을 좋아하게 되었어요. 나리는 거인에게 커다란 초콜릿을 주었어요. 그래서 거인도 나리를 좋아하게 되었어요.	
6. 유아 창작 부분 거인은 나리네 집에서 살기로 했어요. 거인이 문으로 들어가려고 했지만 나리네 집 문은 너무 작았어요. 나리와 거인은 거인이 들어갈 수 있는 큰 문을 만들고 큰 집도 만들었어요.	
7. 유아 창작 부분 거인은 나리네 집 옆에 지은 큰 집에서 살았어요. 거인은 콩나무 나라에서 콩나무만 먹고 살아서 요리하는 방법을 잘 몰랐어요. 나리는 거인집에 가서 카레와 자장밥 만드는 법을 알려주었어요.	

동화내용	그 림
8. 유아 창작 부분 거인은 나리가 알려준 방법대로 카레와 자장밥을 만들었어요. 거인은 손이 커서 카레와 자장밥을 많이 만들 수 있었어요. 거인과 나리는 마을 사람들에게 음식을 택배로 나누어주었어요.	
9. 유아 창작 부분 나리는 거인의 자전거를 빌려서 유치원으로 돌아갔어요. 그래서 나리와 거인은 유치원에서 즐겁게 미끄럼틀을 타고 놀았어요. 그런데 그 미끄럼틀은 알록달록 집으로 연결되어 있었어요. 나리는 그 집에서 비밀문을 발견했어요. 발견한 비밀문은 유치원으로 연결되어 있었어요. 나리는 그 비밀문으로 유치원에 들어갔어요. 나리가 생각하기에 그 알록달록 집이 유치원을 다니고 있는 선생님이 지은 것이라고 생각했어요.	

종이비행기 날리기

집단형태

자유선택활동

활동유형

실외 영역 · 조형 영역

활동자료

여러 가지 재질과 크기의 종이(예: A4 크기의 이면지, 도화지, 색종이 등 **TIP 1**), 가위, 비닐끈, 줄자

TIP 1 종이비행기를 만들 때에는 직사각형 모양의 종이를 사용하는 것이 적합하다. 사전에 직사각형 모양 종이를 준비해주거나 유아들과 함께 색종이를 가위로 잘라 직사각형 모양으로 만든다.

TIP 2 다양한 방법으로 종이비행기를 만들어본다. 다음은 종이비행기를 접는 방법 예이다.

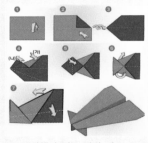

비행기 접는 방법 예 1

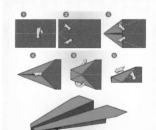

비행기 접는 방법 예 2

활동목표

■ 비행기의 움직임에 관심을 갖는다.

■ 길이를 비교하는 말을 적절하게 사용한다.

활동방법

| 종이비행기 만들기 |

○ 계획하기 시간 유아들에게 마당에서 종이비행기를 날리는 놀이를 할 것임을 소개한다.

■ 오늘 마당놀이시간에 종이비행기를 만들어 날리는 놀이를 할 거예요. 종이비행기를 만들어 본 적 있나요?

○ 종이비행기를 접는 방법에 대해 이야기 나눈다.

■ 여러 가지 종이를 준비했어요.

■ 어떤 방법으로 종이비행기를 만들어 볼까요? 친구들에게 종이비행기 접는 모습을 보여줄 사람 있나요? **TIP 2**

■ 방안놀이시간에 원하는 방법에 따라 종이비행기를 접어보세요. 완성한 종이비행기는 마당놀이시간에 가지고 나가 날려봅시다.

○ 방안놀이시간 동안 종이비행기를 접는다.

| 종이비행기 날리기 |

○ 마당놀이시간이 되면 유아들이 각자 자신이 만든 종이비행기를 들고 마당으로 나간다.

○ 종이비행기를 날려본다.

■ 어떤 모양의 종이비행기를 만들었나요?

■ 이제 종이비행기를 날려봅시다. 잘 날아가나요?

○ 종이비행기를 멀리 날리는 시합을 해본다.

■ 종이비행기 멀리 날리기 시합을 해봅시다.

■ 누구의 종이비행기가 가장 멀리 날아갔는지를 어떻게 알 수 있나요?

• 발걸음으로 잰다.

• 줄자로 잰다.

■ 모두 자신의 종이비행기를 들고 한 줄로 서보세요.

■ 종이비행기를 멀리 날려보세요. 종이비행기가 얼마나 멀리 날아갔는지 거리를 재어봅시다.

■ ○○의 종이비행기는 얼마나 날아갔나요?

■ 누구의 종이비행기가 가장 멀리 날아갔나요?

○ 종이비행기를 더 멀리 날릴 수 있는 방법에 대해 이야기를 나눈다.

■ 어떻게 하면 종이비행기를 더 멀리 날아가게 할 수 있을까요?

 • 바람을 등지고 서서 날린다.

 • 비행기의 앞부분을 뾰족하게 만든다.

종이비행기 날리기

종이비행기가 날아간 거리를 발걸음으로 재기

종이비행기가 날아간 거리를 손뼘으로 재기

종이비행기가 날아간 거리를 줄자로 재기

관련활동

■ 사회 '비행기의 역사' (84쪽 참고)

집단형태

대집단활동

활동유형

사회

활동자료

비행기 역사와 관련된 그림 혹은 사진(레오나르도 다빈치의 '하늘을 나는 기계', 몽골피에 형제의 '열기구', 조지 체일리의 '글라이더', 라이트 형제의 '동력 비행기'), 게시판

레오나르도 다빈치의
'하늘을 나는 기계'

몽골피에 형제의 '열기구'

라이트 형제의 '동력 비행기'

활동목표

- 항공교통기관의 역사에 관심을 갖는다.
- 비행기가 하늘을 나는 원리에 관심을 가진다.
- 비행기를 만든 사람들의 창의적 노력에 관심을 가진다.

활동방법

○ '비행기' 노래를 부르며 모여 앉는다.

○ '라이트 형제' 동화를 회상한다. **TIP**

- 비행기를 처음 만든 사람들이 누구였나요?
  - 라이트 형제
- 라이트 형제는 비행기를 날리기 위해 어떻게 하였나요?
  - 글라이더를 가지고 하늘에서 날 수 있도록 하기 위해 노력했다.
  - 그 후 엔진을 단 비행기를 발명하여 비행기 스스로 힘을 갖고 날 수 있도록 했다.

○ 비행기의 역사에 대해 이야기 나눈다.

- 라이트 형제가 비행기를 발명하기 전의 비행기는 어떤 모습이었을까요? 지금과 같은 모습이었을까요?
- 지금의 비행기가 되기까지 어떻게 변화되어 왔는지 같이 알아봅시다.

① 레오나르도 다빈치의 '하늘을 나는 기계'

- 비행기가 없던 시절, 레오나르도 다빈치라는 화가는 하늘을 날 수 있는 방법에 대해 생각하고 그림을 그렸어요. 무엇 같나요?
- 레오나르도 다빈치는 박쥐가 나는 모습을 보면서 박쥐처럼 날개를 만들면 하늘을 날 수 있을 것이라 생각했다고 해요.
- 이 기계는 아쉽게도 하늘을 날지 못했다고 해요.

② 몽골피에 형제의 '열기구'

- (열기구 사진을 보여주며) 이것을 본 적이 있나요?
- 이것은 '열기구' 라는 거예요.
- 종이를 불로 태울 때 종이가 타면서 어떻게 되는지 본 적이 있나요?
- 불에 타서 재가 된 것들은 공중에 뜨게 되요. 불 때문에 뜨거워진 공기들은 위

로 올라가려는 성질을 갖고 있어서 재가 공기를 따라 올라가는 거예요.

■ 몽골피에 형제는 불에 탄 재가 위로 올라가는 모습을 보고 열기구를 만들었다고 해요.

■ 나중에는 10m 크기의 주머니를 만들어서 날렸는데, 180m까지 올라갔대요.

③ 조지 체일리의 '글라이더'

■ 이것은 '글라이더' 라는 기구예요. 글라이더를 본 적 있나요?

■ 글라이더는 연날리기와 비슷한 방법으로 하늘에 날린다고 해요.

■ 두 사람이 팀이 되어 글라이더를 날렸어요. 글라이더에 실을 묶은 후 앞사람이 실을 잡고 달리고 뒤 사람이 글라이더를 잡고 따라가다가 놓으면 글라이더가 점점 하늘로 날아갔어요

■ 글라이더에는 스스로 날 수 있도록 하는 엔진이 없어요. 바람의 세기나 하늘로 날릴 때 받은 힘으로 날아가는 거예요.

■ 하지만 바람이 약하거나 불지 않으면 어떻게 될까요?

• 힘이 없어져 땅으로 떨어진다.

④ 라이트 형제의 '동력 비행기'

■ 라이트 형제는 글라이더가 더 잘 날 수 있도록 하는 방법에 대해 연구했어요. 그래서 스스로 날 수 있는 힘을 주는 '엔진' 을 설치했어요.

■ 라이트 형제는 비행기에 엔진을 달고 하늘에 날려보았어요. 처음에는 12초간 하늘을 날 수 있었다고 해요. 그 후 많은 도전을 해서 더 오랜 시간 동안 하늘을 날 수 있게 만들었어요.

■ 라이트 형제가 엔진을 단 비행기를 발명한 후 곧이어 많은 비행기들이 개발되었어요.

• 사람이 타는 비행기, 물건이나 우편물을 빠르게 전달해주기 위한 비행기, 군대에서 사용하는 비행기(군용기) 등이 개발됐다.

■ 지금도 더 새롭고 기능이 좋은 비행기들이 개발되고 있어요.

○ 함께 이야기나눈 내용을 그림으로 그리고 글로 적어 벽면에 게시한다.

관련활동

■ 이야기나누기 '비행기에서 일하는 사람들' (66쪽 참고)

■ 실외 영역 '종이비행기 날리기' (82쪽 참고)

TIP 본 활동을 실시하기 전에 유아들에게 '라이트 형제' 동화를 들려준다.

집단형태

자유선택활동

활동유형

조형 영역

활동자료

정사각형 모양의 얇은 비닐 **T**IP 1, 실, 셀로판테이프, 두꺼운 도화지, 사인펜, 네임펜, 추 또는 동전, 가위

TIP 1 비닐봉지를 펼쳐 가로·세로 약 25cm 정사각형으로 잘라놓는다.

활동목표

- 낙하산의 명칭과 기능을 안다.
- 재료의 특성을 알고 이를 활용하여 조형작품을 만든다.

활동방법

○ 낙하산에 대해 이야기나눈다.

- 낙하산을 본 적이 있나요? 어디에서 보았나요?
- 낙하산은 언제 사용하는 기구일까요?
    - 높은 곳에서 사람이나 물건을 안전하게 내려 보내기 위해 사용한다.

○ 교사가 미리 만든 '낙하산' 작품을 보여주며 이야기 나눈다.

- (낙하산 작품을 보여주며) 비닐로 만든 낙하산이에요. 완성된 낙하산을 추(동전)와 함께 접어서 손에 쥐고 높이 던져볼 거예요. 낙하산이 어떻게 움직이는지 보세요.
- (낙하산이 움직이는 모습 보며) 낙하산이 어떻게 움직이고 있나요?
    - 추가 아래쪽을 향하면서 비닐이 펼쳐진다.
    - 아래로 내려온다.
- 함께 낙하산을 만들어 봅시다.

○ '낙하산 만들기' 조형재료를 살펴보며 만드는 방법을 이야기한다.

- 조형 책상에 무엇이 있나요?
    - 비닐, 실, 셀로판테이프, 두꺼운 도화지, 사인펜, 네임펜, 추(동전), 가위 등
- 이 재료로 낙하산을 만들어볼 거예요. 선생님이 어떻게 낙하산을 만드는지 살펴보세요.
    - 정사각형 비닐봉투에 매직펜, 네임펜으로 그림을 그린다.
    - 비닐봉투의 네 귀퉁이에 셀로판테이프로 끈을 고정시킨다.
    - 끈 네 개를 하나로 모아서 끝을 묶는다. **T**IP 2
    - 두꺼운 도화지에 사람이나 물건을 그린다.
    - 두꺼운 도화지에 그린 그림을 가위로 오려낸다.
    - 오려낸 그림 뒷면에 묶어놓은 끈의 끝과 추를 함께 붙인다.

TIP 2 실의 길이가 똑같아야 낙하산이 내려올 때 균형을 잘 잡을 수 있다.

○ 낙하산을 만든다.

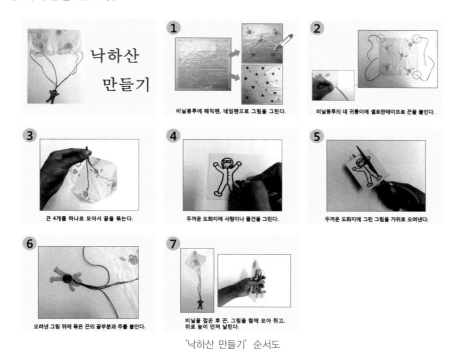

'낙하산 만들기' 순서도

○ 마당놀이시간에 유아들과 낙하산을 던지는 놀이를 한다.

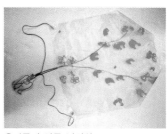

유아들이 만든 낙하산

활동 10 풍선 놀이

집단형태
중집단활동(약 15명)

활동유형
신체(체육)

활동자료
풍선(유아 수만큼), 보자기(4
명당 1개씩)

활동목표
- 대근육을 움직이며 민첩성과 순발력을 기른다.

활동방법
○ 하늘과 관련된 것들을 연상해본다.
- '하늘' 하면 무엇이 떠오르나요?
- 하늘을 나는 것에는 어떤 것들이 있나요?
  - 비행기, 우주선 등
- 비행기나 우주선 외에 하늘에 떠있거나 날 수 있는 것에는 무엇이 있을까요?
  - 구름, 새, 풍선, 종이비행기 등
○ 풍선을 보여주며 활동을 소개한다.
- 풍선을 가지고 왔어요. 선생님이 이 풍선을 높이 쳐서 띄울 거예요. 풍선이 어
  떻게 될까요?
  - 천장에 닿을 것이다.
  - 바닥으로 내려올 것이다.
- (풍선을 쳐 올린 후 바닥으로 떨어지는 풍선을 보며) 이렇게 바닥으로 풍선이
  내려오지요. 풍선을 다시 공중에 띄우려면 어떻게 해야 할까요?
  - 내려오는 풍선에 바람을 불어 위로 올린다.
  - 내려오는 풍선을 손으로 쳐서 위로 올린다.
- 내려오는 풍선을 손으로 쳐올려서 바닥에 떨어지지 않도록 해볼 거예요.
○ 교사가 시범을 보인다.
- 선생님이 움직이는 모습을 잘 보세요.
- 풍선이 손에 닿을 정도로 내려오면 풍선을 쳐서 다시 위로 올리는 거예요.
- 풍선을 앞으로 밀어내듯 치면 앞으로 날아가다 아래로 떨어져요. 풍선을 머리
  위로 올리세요.
○ 유아들이 반집단씩 앞으로 나와 풍선 놀이를 한다.
- ○○부터 ○○까지 앞으로 나오세요. 풍선을 받은 사람은 서로 부딪히지 않도
  록 넓게 서세요.
- 신호악기 소리가 들리면 풍선을 공중에 띄우세요.

풍선을 위로 쳐올리기

- 풍선이 떨어지면 주워서 다시 공중에 띄우세요.
○ 2명씩 짝을 지어 풍선 놀이를 한다.
  - 이번에는 두 명씩 짝을 지어 마주보고 서봅시다. 맞은편에 있는 짝에게 풍선을 쳐서 보내세요.
  - 선생님과 짝이 되어 친구들에게 시범을 보여줄 수 있는 사람은 손을 들어봅시다.
  - 이름을 부르는 사람들은 둘이 짝이 되는 거예요. ○○와 △△는 앞으로 나오세요. △△와 □□는 앞으로 나오세요.
○ 보자기를 사용하여 활동한다.
  - 이번에는 네 명이 한 모둠이 되어 풍선 놀이를 해봅시다.
  - (보자기의 꼭짓점을 가리키며) 네모 모양의 보자기를 준비했어요. 네모 모양에는 뾰족한 곳이 몇 개 있나요?
    • 네 개
  - 네 사람이 각각 뾰족한 곳을 잡고 서는 거예요. 보자기에 풍선을 올려놓고 보자기를 위로 들어 올려서 풍선을 공중에 띄우세요.
  - 풍선이 보자기로 내려와 닿으면 다시 보자기를 위로 올려서 풍선을 공중에 띄우세요.
  - 보자기를 잡은 네 사람이 힘을 모아서 한 번에 보자기를 올려야 해요.
  - 선생님과 시범을 보여줄 수 있는 어린이는 손을 들어보세요.
  - 이름을 부르는 사람들은 앞에 나와서 보자기를 받으세요. 보자기를 잡고 준비하세요. 서로 부딪히지 않도록 넓게 서세요.
  - 신호악기 소리가 울릴 때까지 계속하는 거예요. 준비, 시작!
○ 준비물을 정리하고 휴식을 취한다.

항공교통기관

짝과 함께 풍선 주고받기

보자기로 풍선 쳐올리기

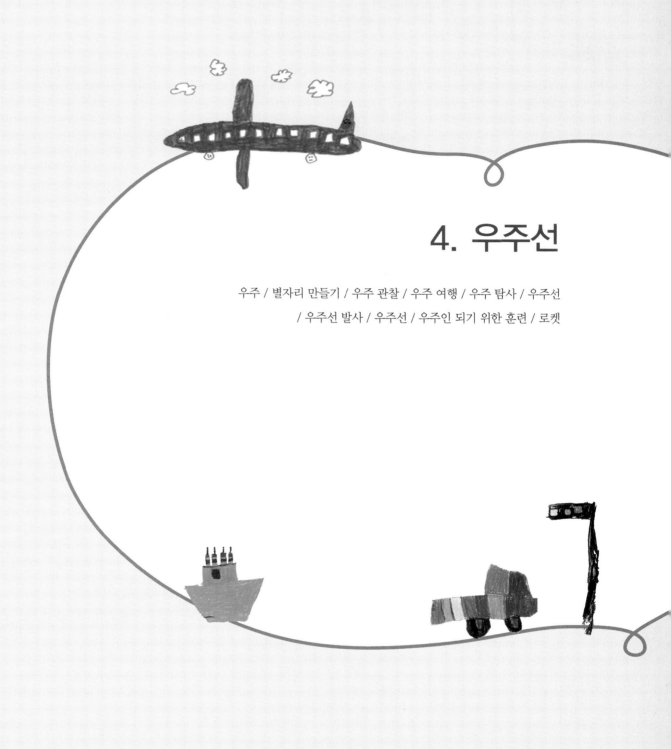

4. 우주선

집단형태

대집단활동

활동유형

이야기나누기

활동자료

태양계 행성 사진, 별자리 사진 등이 담긴 PPT 자료, 컴퓨터, 빔프로젝터, 레이저포인터

활동목표

■ 우주에는 여러 가지 행성이 있음을 안다.

■ 태양계를 구성하는 행성에 관심을 갖는다.

■ 천문학자의 창의적 노력에 관심을 갖는다.

활동방법

○ 우주에 대해 이야기 나눈다.

■ 하늘에는 무엇이 있나요?

• 구름, 별, 달, 해 등

■ 하늘에는 우리 눈에 보이지 않는 수많은 행성들이 아주 많이 있어요.

■ 이곳을 '우주' 라고 해요.

■ 우주에 대해 알고 있는 것이 있나요?

• 우주는 캄캄하다.

• 우주는 아주 넓다. 끝이 없다.

○ 천문관측에 대해 이야기 나눈다.

■ 우주에서 일어나는 일을 어떻게 알 수 있을까요?

• 우주를 항상 관찰하면서 태양, 행성, 달, 별과 같이 우주에 있는 것들과 우주에서 일어나는 일에 대해 연구하는 사람이 있다. '천문학자' 라고 말한다. 천문학자가 우주를 관찰하고 알게 된 것을 우리에게 전해 준다.

■ 우주는 우리 눈으로 보기는 어렵기 때문에 우주를 관찰하려면 특별한 도구들이 필요해요. 어떤 것들이 필요할까요?

• 우주까지 볼 수 있는 망원경, 카메라, 삼각대 등

■ 이렇게 우주의 모습을 보는 데 필요한 여러 가지 도구와 기계들을 준비해 놓은 곳을 '천문대' 라고 해요. 우리나라에도 여러 개의 천문대가 있어서 그 곳에 가면 우주의 모습을 볼 수 있어요.

○ 우주에 있는 것들에 대해 이야기나눈다.

■ 천문학자들이 연구한 우주의 행성들에 대해 알아봅시다.

① 태양

■ 이것은 무엇일까요?

- 태양
  - 태양은 어떤 일을 하나요?
    - 자기 스스로 빛을 낸다.
    - 지구에 빛과 열을 보내준다.
    - 제자리에서 스스로 빙글빙글 돈다.
  - 만약 태양이 없다면 어떻게 될까요?
    - 낮이 없고 밤만 있어서 온 세상이 캄캄할 것이다.
    - 따뜻한 열을 받지 못해서 지구에 사는 사람들이 추위에 떨게 되고 여름이 없어질 것이다.

② 8개의 행성
  - 우리가 살고 있는 곳은 어디인가요?
    - 지구
  - 우주에는 지구와 같은 행성이 여러 개 있어요. 행성들의 이름, 크기, 모습은 모두 달라요. 행성들의 이름을 들어본 적 있나요?
    - 수성, 금성, 지구, 화성, 목성, 토성, 천왕성, 해왕성
    - 우주에는 모두 8개의 행성이 있다.
  - 행성들의 모습을 살펴봅시다. 어떻게 생겼나요?
    - 토성 : 행성 한 가운데에 커다란 고리가 둘러싸고 있다.
    - 목성 : 노란색, 붉은색 구름으로 뒤덮여 있다.
  - 우주에 있는 8개의 행성들은 모두 태양 주위를 돌고 있어요. 그러나 태양 주위를 도는 데 걸리는 시간은 모두 달라요. 지구가 태양 주위를 도는 데는 1년이라는 시간이 걸려요.
  - 다른 행성들은 태양 주위를 도는데 시간이 얼마나 걸리는지 알려줄게요.
    - 수성 : 약 87.97일(제일 짧게 걸림)
    - 해왕성 : 165년(제일 길게 걸림)

③ 달과 별
  - 밤하늘을 본 적이 있나요? 무엇을 보았나요?
    - 달, 별
  - 달은 어떻게 생겼나요?
    - 달의 모양은 계속해서 변한다.
    - 달의 표면에는 크고 작은 구덩이들이 있다. 이것을 '크레이터'라고 부른다.
  - 밤하늘의 별이 어떻게 보이나요? 별은 어떤 모양일까요?
    - 아주 작은 점으로 보인다.
    - 별은 아주 밝아서 캄캄한 밤하늘에서도 잘 보인다.
    - 실제 별은 우리가 생각하는 별모양과 달리 뾰족한 부분이 없고 둥근 모양이다.

TIP 별자리 모양을 관찰한 후 파워포인트 펜의 기능을 활용하여 선으로 연결하면 별자리 모양을 확인하는 데 도움이 된다.

■ 밤하늘의 별은 얼마나 많을까요?

　　• 우주 끝까지 가 본 사람이 없어서 별이 얼마나 많이 있는지는 알 수 없다.

■ 하늘에 떠 있는 많은 별들 중 몇 개의 별을 이으면 특별한 모양처럼 보이기도 해요. 어떤 모양처럼 보이나요? **TIP**

　　• 곰(큰곰자리), 사자(사자자리), 쌍둥이(쌍둥이자리)

○ 방안놀이시간에 과학 영역에서 우주에 관한 사진자료를 살펴보기를 제안한다.

유의점

■ 태양계의 8개 행성의 이름과 특징을 정확하게 아는 것보다는 유아들이 흥미를 갖는 행성의 특징을 중심으로 소개하고, 유아들이 우주에 여러 종류의 행성이 존재하고 있음을 이해하는 것에 초점을 두도록 한다.

관련활동

■ 과학 영역 '우주 관찰' (96쪽 참고)

■ 수학 · 조작 영역 '별자리 만들기' (95쪽 참고)

■ 이야기나누기 '달 모양 관찰하기' ('우리나라' 생활주제 50쪽 참고)

활동
2 별자리 만들기

우주선

활동목표

- 우주에 있는 것들에 관심을 갖는다.
- 별자리들의 생김새와 명칭에 관심을 갖는다.
- 일대일 대응능력을 기른다.

활동방법

○ 별자리 사진을 보며 별자리에 대해 이야기 나눈다.
- (사진을 보여주며) 무엇인가요?
  - 별자리
- 별자리가 무엇인지 아나요?
  - 하늘에 있는 별들을 쉽게 찾기 위해 만든 것이다. 별들을 몇 개씩 이어 만든 모양에 비슷한 동물이나 물건 이름을 붙였다.
  - 옛날 사람들은 하늘에 떠 있는 별자리를 보면서 길을 찾았다.
- 어떤 별자리가 있는지 살펴봅시다.
  - 양 · 황소 · 쌍둥이 · 게 · 사자 · 처녀 · 천칭 · 전갈 · 궁수 · 염소 · 물병 · 물고기 등 12개의 별자리가 있다.

○ 별자리 교구를 소개하며 게임 방법을 알아본다.
- 별자리를 만들어볼 수 있는 교구를 준비했어요.
- 별자리판 두 개를 고르세요.
- 별자리판에 무엇이 있나요?
  - 별자리 모양의 윤곽선을 따라 작은 구멍들이 있다.
- 상자에서 숫자 카드를 뽑으세요. 카드에 적혀있는 숫자만큼 별자리판의 구멍에 별을 꽂아요. 먼저 별자리를 완성하는 사람이 이기는 게임이에요.

○ 게임을 한다.
○ 놀이를 마치고 나서 교구를 분류 · 정리한 뒤 교구장에 가져다 놓는다.

관련활동

- 이야기나누기 '우주' (92쪽 참고)

집단형태
자유선택활동

활동유형
수학 · 조작 영역

활동자료
별자리 사진, 별자리판, 별자리판에 꽂을 별, 상자, 1~3까지의 숫자 카드

'별자리만들기' 활동자료

집단형태

자유선택활동

활동유형

과학 영역

활동자료

낮은 책상, OHP 태양계 교구, 빛상자(light box)

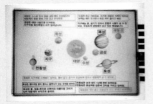

OHP종이에 인쇄한
태양계 행성 그림자료

활동목표

■ 우주에는 여러 가지 행성이 있음을 안다.

■ 태양계를 구성하는 행성에 관심을 갖는다.

활동방법

○ 우주에 대해 이야기 나누었던 것을 회상한다.

■ 우주는 태양, 달과 별, 우리가 살고 있는 지구와 같은 여러 가지 행성이 있는 넓은 곳이에요.

■ 우주에는 태양을 중심으로 태양 주변을 돌고 있는 행성이 있어요. 행성이 움직이는 길(궤도)은 정해져 있어서 항상 똑같은 길로 태양 주변을 돌지요. 태양으로부터의 거리가 각각 다르기 때문에 행성들은 서로 만나지 않아요. 태양과 가깝게 돌고 있는 것도 있고 멀리 돌고 있는 것도 있어요.

○ 빛상자에 OHP 태양계 자료를 한 장씩 올려놓고 행성의 궤도와 크기를 살펴본다.

■ 먼저 태양이 그려진 종이를 빛상자에 올려보세요.

■ 그 위에 다른 행성이 그려진 종이를 올려보세요. 어떤 행성인가요?

■ 그 위에 또 다른 행성이 그려진 종이를 올려보세요. 어떤 행성인가요?

■ 어떤 행성이 태양과 가장 가까운가요? 어떤 행성이 태양과 가장 멀리 떨어져 있나요? 우리가 살고 있는 지구는 태양으로부터 몇 번째로 가깝게 돌고 있나요?

■ 어떤 행성이 가장 큰가요? 가장 작은 행성은 무엇인가요?

○ 각 행성의 특징을 살펴본다.

① 태양 : 자기 스스로 빛을 낼 수 있다. 지구에 빛과 열을 보내준다. 제자리에서 스스로 돈다.

② 수성 : 태양에서 가장 가까이에 있다. 가장 작은 행성이다.

③ 금성 : 태양에서 두 번째로 가까이 있다. 지구와 크기가 비슷하지만 온도가 매우 높고 두꺼운 구름으로 싸여 있어서 동식물이 살 수 없다.

④ 지구 : 태양에서 세 번째로 가까이 있다. 지구에는 물과 공기가 있어 동식물이 살 수 있는 유일한 행성이다.

⑤ 화성 : 태양에서 네 번째로 가까이 있다. 지구보다 크기가 작지만 사계절이 있다. 공기는 있지만 물이 없어 동식물이 살 수 없다.

⑥ 목성 : 가장 큰 행성이다. 노란색, 붉은색 구름으로 뒤덮여 있다.

⑦ 토성 : 행성 한 가운데에 커다란 고리(먼지, 돌, 얼음)가 둘러싸고 있다.

⑧ 천왕성 : 토성, 해왕성과 크기가 비슷하다. 고리를 가지고 있지만 검은색 돌로 이루어져 있어서 잘 보이지 않다.

⑨ 해왕성 : 태양으로부터 가장 멀리 떨어져 있는 행성이다. 천왕성과 크기, 무게가 비슷해서 쌍둥이 행성으로 알려져 있다.

관련활동

- 이야기나누기 '우주' (92쪽 참고)

- 수학 · 조작 영역 '별자리 만들기' (95쪽 참고)

- 이야기나누기 '달 모양 관찰하기' ('우리나라' 생활주제 50쪽 참고)

우주선

빛상자에 올려놓은 태양계 그림자료
살펴보기

집단형태
대집단활동

활동유형
동화

활동자료
우주 여행에 관한 그림책 '루이의 우주선 상상 1호'(에즈라 잭 키츠 글, 서애경 옮김, 웅진 주니어)를 동화자료로 제작한 것, 낮은 책상

활동목표

- 우주에 관심을 갖는다.
- 이야기를 창의적으로 구성한다.

활동방법

○ '만약 우주여행을 한다면' 을 가정하여 자유롭게 이야기나눈다.

- 만약에 우주여행을 하게 된다면 우주에서 무엇을 하고 싶나요?
- 누구와 함께 우주여행을 하고 싶나요?

○ 동화 '루이의 우주선 상상 1호' 를 들려준다.

- 우주여행을 다녀온 아이의 이야기를 들려줄게요. 우주에서 무슨 일이 있었는지 동화를 잘 들어보세요.

○ 동화 내용에 대해 이야기를 나눈다.

- 우주여행에서 어떤 일이 일어났나요?
  - 우주선에서 바위 폭풍을 만났다.
  - 바위 폭풍을 괴물이라고 상상하자 멈췄던 우주선이 다시 움직였다.
- 우주선이 움직이려면 무엇이 필요했나요?
  - 상상하는 것

○ 유아들과 후속 이야기를 지어본다.

- 다음 날 동네 친구들과 우주여행을 했을 때 어떤 일이 일어났을까요?
  - 달에 도착하자 토끼가 반갑게 맞아주고 달구경을 시켜주었다.
  - 태양과 함께 놀다가 집에 돌아와 보니 얼굴이 새까맣게 타 있었다.
- 방안놀이시간에 우리가 지은 이야기를 그림으로 그리고 글로 적어서 책으로 만들어봅시다.

관련활동

- 이야기나누기 '우주' (92쪽 참고)
- 수학 · 조작 영역 '우주 탐사' (99쪽 참고)
- 이야기나누기 '우주선' (101쪽 참고)
- 이야기나누기 '우주인이 되기 위한 훈련' (108쪽 참고)
- 동화 '나리에게 일어난 일' (78쪽 참고)

활동목표

- 우주에 관심을 갖는다.
- 로켓의 특징과 기능에 대해 안다.
- 게임의 방법을 알고 규칙을 지키며 게임에 참여한다.

활동방법

○ 교구의 구성물을 살펴본다.

- 게임판에 어떤 그림이 그려져 있는지 살펴보세요. 여기는 어디일까요?
  - 우주
- 우주에 무엇이 있나요?
  - 별, 행성, 블랙홀, 우주정거장 등이 있다.
- 우주에 가려면 무엇을 타고 가야 할까요?
  - 로켓, 우주선을 타면 우주에 갈 수 있다.

○ 게임 방법을 이야기 나눈다.

- 우주 정거장에서 로켓을 타고 출발해서 가장 멀리 있는 별까지 탐사를 떠나는 게임이에요. (도착점을 가리키며) 가장 멀리 있는 별까지 어떻게 갈 수 있을까요?
  - 각자 게임에서 사용할 말(로켓)을 고른 후 순서를 정하고 주사위를 던져서 나온 수만큼 이동한다.
- 로켓으로 우주를 탐사는 중간에 (블랙홀을 가리키며) 블랙홀이 있어요. 블랙홀에 빠지면 로켓은 어디로 가야 할까요?
  - 화살표를 따라 밑으로 내려간다.

○ 게임을 한다.

- 게임에서 사용할 로켓(말)을 골라보세요.
- 가위, 바위, 보를 하여 순서를 결정하세요.
- 이긴 사람부터 주사위를 던져 나온 수만큼 이동하세요.

○ 게임의 결과를 알아본다.

- 누가 가장 먼저 도착하였나요?
- 아직 도착하지 못한 사람은 누구인가요?
- 몇 칸이 남아 있나요?

집단형태

자유선택활동

활동유형

수학 · 조작 영역

활동자료

우주 배경의 게임판, 로켓 모양의 게임 말, 주사위

'우주 탐사' 활동자료

○ 놀이를 마치고 나서 교구를 분류 · 정리한 뒤 교구장에 가져다 놓는다.

관련활동

- 이야기나누기 '우주' (92쪽 참고)
- 이야기나누기 '우주선' (101쪽 참고)
- 이야기나누기 '우주선이 되기 위한 훈련' (108쪽 참고)
- 노래 '로켓' (110쪽 참고)

활동 6 우주선

활동목표

■ 우주선의 종류와 기능에 관심을 갖는다.

■ 지구와 우주에서의 생활에 차이가 있음을 안다.

■ 우주선에서 생활하기 위해 필요한 것이 있음을 안다.

활동방법

○ 우주선의 종류와 기능에 대해 이야기한다.

■ (나로호 발사 모습 동영상을 보며) 어떤 모습인가요?

• 우리나라에서 처음으로 우주선을 발사하는 모습이다.

• 우주선의 이름은 '나로호' 이다.

• 1차, 2차 발사를 했으나 실패하여 3차 발사를 준비하고 있다.

■ 나로호는 우주에서 어떤 일을 하게 될까요?

• 다른 인공위성들이 잘 작동하고 있는지를 확인하는 일을 한다.

■ 나로호 외에도 여러 종류의 우주선이 있는데 무엇일까요? 어떤 일을 할까요?

① 무인우주선(인공위성)

• 사람이 타지 않는 우주선이다.

• 행성탐사위성 : 행성이나 별을 관측하면서 우주에서 일어나는 일을 알려준다.

• 기상위성 : 우주에서 지구의 모습을 관찰하고 구름의 종류와 두께, 태풍의 이동 모습 등을 알려준다.

• 통신위성 : 지구 주변을 돌면서 다른 나라에서 일어나는 일을 알려주고, 다른 나라에 있는 사람들과 연락할 수 있도록 해 준다.

• 우주 정거장 : 우주비행사들이 지내면서 우주를 관측하고 다양한 과학 실험을 하는 우주선이다.

② 유인우주선

• 사람이 타는 우주선이며 우주인을 우주까지 데려다 준다.

• 우주에서 일어나는 일을 관측한다.

③ 우주왕복선

• 우주와 지구를 여러 번 오고갈 수 있는 우주선

○ 우주선에서의 생활에 대해 이야기한다. ⓣIP 2

집단형태

대집단활동

활동유형

이야기나누기

활동자료

나로호 발사 동영상 ⓣIP 1, 우주선에서의 생활을 담은 사진자료(예: 음식 먹는 모습, 자는 모습 등), 우주복 사진, 컴퓨터, 빔프로젝터, 레이저포인터 등

ⓣIP 1 나로호 홈페이(http://www.kslv.or.kr)에 방문하면 나로호 발사 동영상자료를 제공받을 수 있다.

ⓣIP 2 우주선에서의 생활에 대한 내용은 모둠 활동을 통해 실행할 수 있다. 음식 먹는 방법, 자는 방법, 우주복 등으로 주제를 나눈 다음 각 모둠이 한 가지 주제를 맡아 교사와 함께 소집단 활동으로 조사하여 발표한다.

① 우주복

- 우리는 지금 어떤 옷을 입고 있나요?
  - 티셔츠, 청바지, 치마 등
- 우주 비행사들은 특별한 옷을 입어야 해요. 우주 비행사들이 입는 옷은 '우주복' 이라고 해요.
- 우주는 사람들이 숨을 쉴 때 필요한 산소가 없으므로 우주복에 산소를 공급해 주는 장치를 달았어요.
- 우주 비행사들은 우주선을 수리하거나 우주에 대한 연구를 하기 위해서 우주선 밖으로 나가기도 해요. 이렇게 우주 비행사가 우주선 밖으로 나가 행동하는 것을 '우주 유영' 이라고 해요. 우주 유영을 할 때는 좀 더 특별한 우주복이 필요해요.
  - 우주는 해가 비치면 아주 뜨겁고, 그늘이 지면 매우 춥기 때문에 우주복이 적당한 온도를 유지해서 우주 비행사의 몸을 보호해 준다.
  - 숨을 쉴 때 필요한 산소가 없으므로 우주복에는 숨을 쉴 수 있게 공기를 제공해 주는 탱크가 달려 있다.
  - 우주에는 운석이 많이 떠다니므로 우주 비행사가 운석과 부딪쳤을 때 다치지 않도록 튼튼하고 질기면서도 편하게 움직일 수 있는 옷감을 사용한다.
  - 우주는 햇빛이 매우 강해서 맨 눈으로 밖을 볼 수 없으므로 우주 비행사가 쓰는 헬멧에는 눈을 보호해 주는 가리개가 있다.
  - 무선장치가 있어서 다른 우주 비행사와 이야기를 나눌 수 있다.

② 음식

- 우주선에서는 무엇을 먹을까요?
  - 우주비행사들은 지구에서 미리 음식 맛을 보고 좋아하는 음식을 정해서 우주로 가져간다. 그러나 음식 맛은 지구에서와 맛 본 것과 다르다.
- 음식을 어떻게 먹을까요?
  - 우주선에서는 무엇이든지 둥둥 떠다닌다. 밥을 먹을 때 식탁이나 그릇이 떠다니지 않도록 벽에 걸어 놓을 수 있게 만들어져 있다.
  - 우주선에서는 작은 알갱이라도 떠다니면 우주선 안에 있는 기계나 우주비행사들의 눈과 콧속으로 들어가서 위험할 수 있다. 그래서 우주선에서 먹는 음식은 깡통이나 봉투에 담겨 있다.
  - 컵에 담긴 물의 물방울이 떠다니기 때문에 비닐봉투에 담아서 빨대로 물을 먹는다.

③ 잠(수면)

- 우주선에서는 어떻게 잠을 잘까요?
- 이것은 우주 비행사들이 잠을 잘 때 사용하는 침낭이에요. 어떻게 생겼나요?
  - 앞에 지퍼가 있다.

- 팔을 뺄 수 있는 구멍이 두 개가 있다.
- 사람 몸이 들어갈 수 있을 정도로 크다.

■ 집에서 어떻게 잠을 자나요?
- 바닥에 이불을 깔고 자거나 침대에서 잔다.
■ 우주 비행사들은 어떻게 잠을 잘까요?
- 우주 비행사들은 주머니 모양의 이불(침낭)에서 잠을 잔다.
- 우주에는 사람이나 물건이 바로 설 수 있게 아래에서 끌어당기는 힘이 없기 때문에 떠다니게 된다. 따라서 잠을 잘 때 우주선 안을 떠다니지 않도록 하려고 침낭을 벽에 붙여 놓는다.

○ 그 밖에 우주선에 대해 궁금한 점들을 방안놀이시간에 교사와 함께 책을 찾아보거나 인터넷을 검색하여 알아볼 것을 제안한다.

우주선

유의점

■ 우주선이나 우주선에서의 생활에 대해 유아들이 궁금해 하는 점이 있으면 교사가 대답해 준다. 교사도 모르는 질문에 대해서는 유아, 교사 모두 책이나 인터넷 등을 통해 알아 와서 다음날 다시 이야기를 나누도록 한다.

관련활동

- 언어 영역 '우주선 발사' (104쪽 참고)
- 이야기나누기 '우주' (92쪽 참고)
- 이야기나누기 '우주인이 되기 위한 훈련' (108쪽 참고)
- 노래 '우주선' (106쪽 참고)

활동
7 우주선 발사

집단형태
자유선택활동

활동유형
언어 영역

활동자료
우주선 발사과정을 담은 동영상자료, 발사과정 각 단계별 사진, 게시판, 종이, 필기도구, 풀

TIP 각각의 과정에 대한 사진을 미리 게시판에 붙여놓고 유아들이 순서대로 구성하도록 한다.

우주선 발사과정에 관한 사진자료 전시

활동목표
- 우주선의 발사과정에 관심을 갖는다.
- 우주선의 구조에 관심을 갖는다.

활동방법
○ 우주선 발사과정이 담긴 동영상을 감상한다.
- 우주선이 우주로 날아가는 모습을 함께 봅시다.
○ 사진을 보며 우주선 발사과정에 대해 이야기한다. **TIP**
- 우주선 발사 전, 제일 먼저 했던 일을 찾아보세요. 그 다음에는 무엇을 했나요?
  - 로켓을 발사대로 이동시킨다(발사 2일 전).
  - 우주선에 탈 사람들이 우주복 상태를 점검한다(발사 4시간 30분 전).
  - 우주인이 우주선에 탑승한다(발사 2시간 30분 전).
  - 로켓에 불을 붙인다(발사 20초 전).
  - 로켓을 발사한다.
○ 로켓의 발사 원리와 발사 후 과정에 대해 이야기한다.
- 로켓은 어떤 힘으로 날아갈까요?
  - 연료를 태울 때 생기는 힘으로 날아간다.
- 로켓이 빠르게 날게 하기 위해서 무게를 점점 줄여나가요. 우주선 연료탱크와 엔진은 3개로 되어 있어요. 날아가면서 다 쓴 연료 탱크와 엔진을 분리해서 몸을 가볍게 만들면 빨리 날아갈 수 있어요.
  - 1단 분리(발사 약 1분 58초 후)
  - 페어링(덮개) 분리(발사 약 3분 36초 후)
  - 2단 분리(발사 약 4분 47초 후)
  - 3단 로켓 분리(발사 약 9분 48초 후)
  - 우주 정거장 도착(발사 약 2일 후)
○ 우주선 발사과정에 대한 책을 만드는 방법에 대해 이야기한다.
- 우주선 발사를 준비하는 것부터 우주선이 우주 정거장에 도착하기까지의 순서를 책으로 만들 거예요. 책에 어떤 것들을 넣으면 좋을까요?
  - 우주선 발사과정 단계별 사진

• 사진에 대한 설명

○ 유아들과 우주선 발사과정 사진을 종이에 순서대로 붙이고 사진에 대한 설명을 글로 적어 책을 만든다. 완성한 책은 언어 영역에 제공한다.

유의점

■ 유아들이 우주선 발사의 정확한 단계와 시간을 아는 것 보다는 각 과정의 순서에 자연스럽게 관심을 갖고 탐구하는 데에 중점을 두어 활동을 전개한다.

관련활동

■ 이야기나누기 '우주선' (101쪽 참고)

집단형태

대집단활동

활동유형

노래

활동자료

우주선 관련 사진이나 책자,
노랫말자료, 게시판

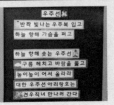

'우주선' 노래자료

활동목표

- 우주선과 우주인의 역할에 대해 안다.
- 우주에 대해 관심을 갖는다.

활동방법

○ (우주선 사진을 보여주며) 우주선에 대해 이야기나눈다.

- 이것은 무엇인가요?
  - 우주선
- 우주선은 어디에 갈 때 사용하는 건가요?
  - 지구 밖 우주로 갈 때
- 우주선을 타고 우주로 나가는 이유는 무엇일까요?
  - 우주에 대해 더 알아보고 조사하기 위해
- 우주로 나가기 위해 사람들은 무엇을 입나요?
  - 우주복
- 우주복을 입고 우주선을 타고 우주로 나아가면 어떤 기분이 들까요? ○○○반 어린이들이 우주인이라면 어떤 기분이 들 것 같나요? 어떤 생각을 할 것 같나요?
- 우주에 가면 무엇을 볼 수 있을까요? 무엇을 보고 싶나요?

○ 교사가 노래를 들려준다.

○ 노랫말을 살펴본다.

○ 노래를 다시 한 번 들려준다.

○ 함께 노래를 부른다.

관련활동

- 이야기나누기 '우주' (92쪽 참고)
- 이야기나누기 '우주선' (101쪽 참고)

우주선

김석곤 요
김석곤 곡

1.반 짝 빛 나 는　우 주 복 입 고　하 늘 향 해 가 슴 을 펴　고
2.이 쪽 별 일 까　저 쪽 별 일 까　은 하 수 를 살 짝 건 너　서

번 쩍 우 르 릉　불 꽃 품 으 며　하 늘 향 해 솟 는 우 주　선
속 도 줄 이 고　살 살 살 펴 서　우 주 향 해 가 는 우 주　선

구 름 헤 치 고　바 람 을 뚫 고　높 이 높 이 어 서 올 라　라
은 하 계 지 나　어 디 로 가 나　조 마 조 마 가 슴 조 인　다

대 한 우 주 선　아 리 랑 호 는　견 우 직 녀 만 나 러 간　다
대 한 우 주 선　아 리 랑 호 는　북 두 칠 성 만 나 러 간　다

집단형태

대집단활동

활동유형

이야기나누기

활동자료

한국 최초 우주인 사진, 우주인 훈련 모습을 담은 사진 및 동영상 **T**IP 1

TIP 1 한국우주인 배출사업 홈페이지(http://www.woojuro .or.kr)와 항공우주연구원 홈페이지(www.kari.re.kr)에 방문하면 우주인 관련 사진 및 동영상자료를 제공받을 수 있다.

활동목표

■ 우주인의 임무와 훈련에 관심을 갖는다.

■ 지구와 우주는 환경에 차이가 있음을 안다.

■ 우리나라 첫 번째 우주인 이소연 박사의 실험에 관심을 갖는다.

활동방법

○ 우리나라의 최초 우주인을 소개한다.

■ (한국 최초 우주인 이소연 박사의 사진을 보여주며) 이 분이 누구인지 알고 있나요?

• 한국 첫 번째 우주인

• 2008년 4월 8일에 우리나라 사람으로는 처음으로 러시아의 소유스 우주선을 타고 우주로 다녀왔다.

• 우리나라는 세계에서 36번째 우주인을 배출한 나라가 되었다.

○ 우주인이 하는 일에 대해 이야기한다.

■ 우주인은 우주선에서 무엇을 할까요?

• 지구에서는 할 수 없는 과학 실험(예: 무중력이 사람과 동·식물에 미치는 영향 등)을 한다.

• 인공위성을 쏘아 올리거나 고친다. 사라진 인공위성을 찾는다.

• 우주에 있는 행성, 별 등을 관찰한다.

• 우주인이 여러 가지 일을 하는 중에도 한 사람은 반드시 우주선이 잘 움직이고 있는지 확인하고 있다.

• 악기 연주를 하거나 비디오를 보기도 하며 친구들과 대화하면서 휴식을 한다.

■ 우리나라 첫 번째 우주인 이소연 박사는 우주에서 무엇을 했을까요?

• 우리나라 주변의 바다, 하늘, 황사현상을 관찰했다.

• 우리나라의 전통음식을 이용한 우주 음식 개발 실험을 했다(예: 김치, 고추장, 된장, 인삼, 녹차 등).

• 우주와 지구에서 식물이 자라는 모습을 비교하는 실험을 했다(예: 콩, 무 등).

• 우주와 지구에서의 펜이 써지는 차이점을 비교하는 실험을 했다(예: 볼펜, 붓

펜, 우주펜).

○ 우주인이 되기 위한 훈련에 대해 이야기한다.

■ 우주는 지구와 다른 점이 많아서 지구에 사는 사람들이 바로 우주에 가서 생활하기는 힘들어요. 그래서 우주인이 되기 위해서는 준비하고 연습해야 하는 것들이 많이 있어요. 무엇일까요?

• 체력훈련 : 우주에서 생활할 수 있는 몸의 힘을 기르는 훈련

• 중력가속도훈련 : 로켓이 발사될 때 생기는 가속도를 견디는 훈련

• 무중력적응훈련 : 우주(무중력)에서 이동하기, 우주복 입기 등을 할 수 있는 능력을 기르는 훈련

• 수상생존훈련 : 우주에서 지구로 돌아올 때 바다나 호수 등으로 비상착륙하게 되는 상황을 대비한 훈련

• 지상생존훈련 : 우주에서 지구로 돌아올 때 숲이나 늪지대 등으로 비상착륙하게 되는 상황을 대비한 훈련

• 우주선과 우주정거장에 있는 기계를 다루는 방법을 배우는 훈련

• 우주에서 생활할 때 지켜야 할 약속을 배우는 훈련

• 다른 우주인과 대화하고, 우주선이나 우주정거장에 있는 기계를 다루기 위해 러시아어를 배우는 훈련 등

○ 활동자료로 활용한 사진(예: 우리나라 최초 우주인의 훈련과정, 우주 실험 모습 등)을 출력하고 사진 내용을 유아들과 글로 기록하여 벽면에 게시한다.

유의점

■ 우주인이 실시한 실험이나 우주인이 되기 위한 훈련 내용 중 유아들이 이해하기 쉬운 내용을 선별하여 시청각 자료를 충분히 활용하면서 활동을 전개한다.

관련활동

■ 이야기나누기 '우주' (92쪽 참고)

■ 이야기나누기 '우주선' (101쪽 참고)

■ 과학 영역 '우주 관찰' (96쪽 참고)

활동 10 로켓

집단형태

대집단 활동

활동유형

노래

활동자료

로켓 사진자료, 로켓 발사 과정을 담은 동영상자료, 노래자료, 게시판

활동목표

- 로켓의 생김새와 발사과정에 관심을 갖는다.
- 로켓을 타고 갈 수 있는 곳에 관심을 갖는다.

활동방법

○ 로켓에 대한 유아들의 경험을 이야기 나누며 로켓의 생김새를 살펴본다.

- 로켓을 본 적이 있나요? 어디에서 보았나요?
  - 텔레비전에서 보았다.
  - 신문에서 사진으로 보았다.
  - 우주체험 센터에 갔을 때 보았다.
- (로켓 사진을 보여준다.) 로켓이 어떻게 생겼나요?
  - 길쭉한 모양이다.
  - 위로 갈수록 얇아지면서 끝이 뾰족하다.

○ 로켓 발사 과정이 담긴 동영상을 감상한다.

- (로켓 발사 과정이 담긴 동영상을 보여준다) 어떤 모습인가요?
  - 로켓이 발사되는 모습이다.
- 로켓이 발사될 때 어떤 모습인가요?
  - 로켓의 아랫부분에서 불을 내뿜는다.
  - 하늘로 곧장 올라간다.
  - 빠른 속도로 올라간다.
- 발사된 로켓은 어디로 가나요?
  - 우주
- 로켓을 타고 우주에 가면 무엇을 볼 수 있을까요?
  - 우리가 사는 지구를 볼 수 있다.
  - 달을 볼 수 있다.
  - 별을 볼 수 있다.
- ○○○반 어린이들은 로켓을 타고 우주에 간다면 어디에 가고 싶나요?
  - 달에 가고 싶다.
  - 태양까지 가고 싶다.

○ '로켓' 노래를 소개한다.

■ 커다란 보름달이 뜬 어느 날 밤, ○○는 환하게 뜬 보름달을 바라보았어요. 보름달을 바라보니 옥토끼 두 마리가 계수나무 아래에서 놀고 있었어요. ○○도 달에 가서 옥토끼 두 마리와 함께 놀고 싶었어요. ○○는 무엇을 타고 달나라에 갈 수 있었을까요?

• 로켓, 우주선

○ 교사가 노래를 부른다.

■ 이런 이야기가 담긴 노래가 있어요. 잘 들어보세요.

○ 피아노 소리로 음을 들려준다.

○ 노래자료를 사용하며 교사가 다시 한 번 노래를 부른다.

○ 교사와 유아가 노랫말을 나누어서 노래를 부른다.

○ 다 함께 노래를 부른다.

관련활동

■ 수학 · 조작 영역 '우주 탐사' (99쪽 참고)

■ 언어 영역 '우주선 발사' (104쪽 참고)

악 보

로 켓

작사 · 곡 유경손

1. 계 수 나 무 밑 에 서 – 옥 토 끼 가 논 다 는 저 달 나 라 저 달 나 라
2. 세 상 에 서 제 일 가 는 로 케 트 를 만 들 어 저 달 나 라 저 달 나 라

로 케 트 만 타 면 은 로 케 트 만 타 면 은 갈 – 수 – 있 지 요
씽 – 씽 – 신 나 게 씽 – 씽 – 신 나 게 올 – 라 – 가 보 자

1. 주간교육계획안

만 5세 ○○○ 반 주간교육계획안 20○○학년도 ○월 ○주	생활주제	교통기관	주제	육상교통기관 / 우주선

목표 육상·해상·항공교통기관의 종류의 특징을 안다. / 육상·해상·항공교통기관의 역할과 기능을 안다. / 우주선의 종류와 기능에 관심을 갖는다.

활동	요일/날짜	월(○일)	화(○일)	수(○일)	목(○일)	금(○일)	평가
자유선택활동	쌓기 놀이 영역	•네모블록으로 자동차 만들고 기타 놀잇감으로 자동차 꾸며 놀이하기			•가족선 관련 책을 보면서 블록으로 가족선 만들어 놀이하기(가족선 관련 책을 보면서 블록으로 가족선 만드는 놀이하기) →		
	역할 놀이 영역	•가죽소꿉놀이하기 (소꿉을 가기 위해 필요한 소품 준비하여 놀이하기)			•준비된 음식 모형과 직접 만든 소품으로 음식 차려 식사하는 놀이하기 →		
	언어 영역	•'교통기관' 생활주제 관련 그림책(부풀 부릅 자동차가 참 좋아, 난 자동차가 참 좋아, 우주와 우주선) 읽기			•'교통기관' 생활주제 관련 그림사전 만들기 →		
	수학·조작 영역	•'교통기관' 생활주제 관련 수학·조작교구(교통기관 관련 퍼즐, 교통기관 시간과 명칭 연결 짓기 등)하기			•'비행기에 가족 태우기' 그룹게임하기 →		
	과학·컴퓨터 영역	•교통기관 모형과 관련 책, 화보 보기 •라이트 박스로 우주의 모습(태양계, 성운이 복사된 OHP용지) 관찰하기			•우주 관련 화보와 책 보기 →		
	조형 영역	•내가 좋아하는 교통기관 그리기		•교통기관 편화하기		•반짝이 풀로 우주 만들기 →	
	음률 영역	•실로폰, 막대 핸드벨 연주하며 배운 노래 부르기 •교통기관 모양의 리듬악기 연주하기 •마라카스 연주하기 •악기 연주에 맞추어 스카프 흔들어 표현하기				→	
	실외 영역	•마당: 조합놀이터, 모래놀이하기, 대소근육 기구에서 놀이하기 / 자전거 타기 •훌라후프하기 •줄넘기하기 •카저볼하기(화·수·금) •축구하기(월·목)				•쌓기, 역할놀이영역에서 놀이하고 싶은 것 →	
대·소집단활동	이야기나누기	•교통기관의 종류 •교통기관 명칭 바르게 쓰는 방법	•조사하고 싶은 교통기관 선정 →		•○○○반 어린이들이 조사하고 싶은 교통기관 1: 우와우주선	•쌓기, 역할놀이영역에서 놀이하고 싶은 것	
	동화·동극·동시	•민첨성 기르기 1(소)	→	•가지여행(동화)	•동극 연습(소)	•기차여행(동극)	
	음악						
	율동			•풍선놀이			
	신체		•조사하고 싶은 교통기관 투표				
	수학		•대만				
	과학				•태양계와 성운		
	사회				•예배(○○○ 전도사님)	•컴퓨터의 올바른 사용법	
	바깥놀이	•운동장 두 바퀴 달리고 체조하기				→	
간식		•잣죽, 보리차	•백설기, 우유	•호밀파레빵1, 우유	•전강차, 사과, 우유	•유기농케란찌구5, 요구르트	
급식		•발아현미밥, 모시조개시래국, 달인물고기, 시금치나물, 김치/수박	•잡곡밥, 건새우아욱국, 오징어볶음, 가지튀김, 열무김치, 김구이/골드키위	•카레라이스, 콩나물국, 0채달걀말이, 오이깍두기/복숭아	•잡곡밥, 팽이버섯장국, 탕수육, 미역초무침, 깍두기, 김구이/병풀한도	•찹쌀밥, 감자두부국, 부추샘섭볶음, 어묵볶음조림, 김치/포도	
전이·주의집중		•노래 부르며 순돌이하기	•친구 아래 주물러주기	•친구의 수수께끼 알아맞히기	•배운 노래 부르기	•○○의 달라진 점 찾기	
귀가지도		•일찍 일어나고 일찍 잠자기 •집안일 하나씩 도와드리기	•목요일까지 우리가 함께 얽어 보기로 한 교통기관에 조사해 오거나 관련 책을 가져오기. 활동 자료로 사용할 예정임	•식사 후에는 꼭 양치질하기 •바르게 인사하고 집에 가기	•대한 그림책 가져오기 •귀가 후에는 깨끗이 씻기	•다음 주에는 우리가 2번째로 알아보기로 했던 교통기관에 대해 알아볼 것임. 조사해오기	
급식조력부모		•○○○,○○○	•○○○,○○○	•○○○,○○○	•○○○,○○○	•○○○,○○○	
비고					※예배(○○○ 전도사님)	※그림책 반납 및 대출	

생활주제 교통기관 **주제** 육상·해상·항공교통기관 / 해상교통기관 / 항공교통기관

목표 육상·해상·항공교통기관의 종류의 특징을 안다. / 육상·해상·항공교통기관의 역할과 기능을 안다. / 우주선의 종류와 기능에 관심을 갖는다.

활동	요일/실제	월(○일)	화(○일)	수(○일)	목(○일)	금(○일)	평가
자유선택활동	쌓기 놀이 영역	항공모함 놀이하기(역할을 정한 후 항공모함 블록 사용하여 놀이하기)			거북선 놀이하기(거북선 관련 책을 보면서 블록으로 거북선 만들어 놀이하기) ——→		
	역할 놀이 영역	공항 놀이하기(하고 싶은 역할 정하여 놀이하기), 놀이를 하면서 필요한 소품 만들어 놀이하기					
	언어 영역	'교통기관' 생활주제 관련 그림책(쌩쌩 씽씽 공항에 가 볼래?, 종이비행기, 신나게 그리는 자동차·배·비행기) 읽기				'교통기관' 생활주제 관련 동화 CD로 듣기	
	수학·조작 영역	'교통기관' 생활주제 관련 수학·조작교구(교통기관 관련 퍼즐, 교통기관의 이름과 사름 연결 짓기 등)하기			'교통기관' 생활주제 관련 게임하기	
	과학·컴퓨터 영역	라이트 박스로 우주의 모습(태양계, 성운, 별자리 등)이 복사된 OHP용지) 관찰하기 · 교통기관 관련 책, 화보 보기					
	조형 영역	공항놀이를 하기 위해 필요한 소품 만들기		○○○반 어린이들이 기차 만들기(공동 작업)		
	음률 영역	막대 핸드벨 연주하며 배운 노래 부르기 · 교통기관 모양에 기도, 마라카스 연주하기 · 악기 연주에 맞추어 스카프 흔들어 표현하기					
	실외 영역	마음: 조합놀이대, 모래놀이터, 대근육기구에서 놀이하기 · 자전거 타기 · 훌라후프 돌리기 · 줄넘기하기 · 캐치볼하기 (화·수·금 / 축구하기 (월·목)					
대·소집단활동	이야기나누기	○○○반 어린이들이 조사 하고 싶은 교통기관 II: 공항 / 역할, 쌓기놀이 평가 I	비행기에서 일하는 사람들 / 역할, 쌓기놀이 평가 II	기차와 기차역		교통기관 명칭 바르게 쓰기(소) / ○○○반 어린이들이 교통기 관과 관련하여 하고 싶은 활동	
	동화·동극·동시	민첩성 기르기 II(소)	라이트 형제 (PPT동화)	더 빠른 것 느린 것 (새노래)		딸꾹(음악감상)	
	음악				가잣길 숲 (동시)		
	율동						
	신체	운동장 두 바퀴 달리고 팔 벌려 뛰기 →			기차에 승객 태워 나르기		
	수학						
	과학						
	사회			비행기의 역사	예배(○○○ 전도사님)	성교육	
	바깥 놀이						
	간식	찐1고구마1, 우유	찐1고구마1, 우유	우리밀 전병1, 우유	닭죽, 참외	치즈샐러드 1, 밀감푸딩 1	
	급식	강낭콩밥, 얼갈이배추된장찌개, 오징어복음, 근대나물, 오이지무침/김구이	붙어묵볶음1, 쇠고기미역국, 이면수구이, 깻잎나물, 오이깍두기	쇠고기0채볶음밥, 콩나물 냉국, 쥐눈이콩조림, 깍두기/김구이	잡곡밥, 얼갈이된장국, 돼지고기볶고, 콩나물무침, 알타리무김치	완두콩밥, 순두부찌개, 쇠고기 메추리알장조림, 호두멸치복음, 김치	
	전이·주의집중	악기소리 맞춰 박수치기		수개끼?	친구의 달라진 점 찾기 · 수 더하고 빼기	패턴 보고 알아맞추기	
	귀가지도	귀가 후 몸을 깨끗이 하기 · 식사 시 혼자서 먹는 연습하기	내일은 비행기가 어떻게 발전 되어 있는지 알아볼 것임. 관련 된 내용 조사해오기	형제, 자매와 사이좋게 지내기 · 귀가 후 그림책 한권씩 읽기	일찍 자고 일찍 일어나기 · 이닦고 덕고 유지원 오기	주말 건강하게 지내고 오기 · 그림책 가져가기	
	급식조력부모	●○○○, ○○○	●○○○, ○○○	●○○○, ○○○	※예배(○○○ 전도사님)	●○○○, ○○○	
	비고						※ 그림책 반납 및 대출
	총평						

2. 일일교육계획안

	담임	원감	원장

학급명	○○○반 (만 5세)	날짜	20○○년 ○월 ○일 ○요일	수업일수	○○ / ○○○ 일
생활주제	교통기관	주 제	육상교통기관 / 해상교통기관 / 항공교통기관	소주제	
목 표	육상·해상·항공교통기관의 특징을 안다. / 항공교통기관이 발달해온 과정을 안다. / 교통기관을 움직이기 위해 많은 사람들이 힘씀을 알고 감사한 마음을 갖는다.				육상·해상·항공교통기관의 특징 / 항공교통기관의 발달과정 / 우리의 생활을 편리하게 해주시는 고마운 분들
일일 시간표	9:00~ 등원 및 실내자유선택활동 9:10~ 계획하기 9:20~ 실내자유선택활동 10:00~ 정리정돈 및 놀이평가 10:10~ 간식 '우리밀 찐빵 1, 우유' 10:30~ 이야기나누기 '기차와 기차역' 10:50~ 실외자유선택활동 11:40~ 노래 '더 빠른 것 더 느린 것' 12:00~ 점심식사 13:00~ 실내자유선택활동 13:25~ 사회 '비행기의 역사' 13:50~ 평가 및 귀가지도				

시간 / 활동명	활동 목표	활동내용	준비물 및 유의점	평가
9:00~ 등원 및 실내자유 선택활동	• 등원을 하여 해야 할 일을 알고 스스로 한다.	• 등원 및 인사나누기 - 선생님께 바르게 인사하기 - 출석 표시판에 출석 표시하기 - 하고 싶은 놀이(3가지) 계획하기 - 언어, 수학·조작놀이영역에서 놀이하기 - 기본생활습관 지도하기 - 놀이 계획하고 실천하기, 자기 이름을 스스로 하기, 실내화 바르게 신기, 실내에서 적당한 크기의 목소리로 이야기하기		

시간 / 활동명	활동목표	활동내용	준비물 및 유의점	평가
9:10~ 계획하기	• 선생님, 친구들과 인사를 나누고 서로에게 관심을 가진다. • 하루 일과를 계획하여 기대감을 갖도록 한다.	◎ 계획하기 - 자리정돈 및 주의집중: ○○의 달라진 점 찾기 - 유아의 출·결석 확인하기 - 날짜 및 날씨 알아보기 - 오늘은 몇 월 며칠일까요? 무슨 요일인가요? - 오늘 날씨가 어떤가요? - 그림 시간표 보며 일과 계획하기 ① 조형: ○○○반 어린이들의 기차 만들기 (공동 작업) - 오늘부터 ○○○반 어린이들의 기차를 만들어 볼 것임 - 기관차 뒤에 객실칸을 하나씩 붙여 나가며 이야기를 만들어 나가는 것임 - 앞 친구가 그린 그림과 작은 이야기를 보고 다음 이야기를 만들어 나감 - 이 작품은 ○○○반 언어영역 벽면에 하나씩 붙여 완성해 나가는 기차로 완성될 것임 ② 점심식사: 오늘은 쇠고기야채볶음밥을 먹는 날임. 간장이나 고추장으로 비벼 먹을지, 비벼 먹지 않을지 '비빔밥 선택판'에 표시하기	• 유아 명단 • 달력, 날씨표시판, 그림시간표	
9:20~ 실내자유선택활동	• 이야기를 보면서 떠오르는 생각들을 창의적으로 표현한다. • ○○○반 친구들의 생각을 존중한다. • 기부선의 구조와 생김새를 안다. • 전통문화를 친숙히 여긴다. • 공항 시설의 종류의 기능을 안다. • 공항에서 일하시는 분들의 역할을 안다. • 동화의 내용을 이해한다. • 기계 사용방법을 알고 익힌다. • 게임 규칙을 알고 친구와 게임을 한다.	- 선택한 흥미영역에서 놀이하기 [조형] ○○○반 어린이들의 기차 만들기 (공동 작업) - 앞 친구의 그림과 이야기를 주의깊게 보기 - 이어서 펼쳐질 이야기를 상상한 후, 그림 그리고 이야기 적기 [쌓기] 기부선 만들기 - 기부선 관련 책 보며 구조 파악하기 - 어떤 재료로 어떻게 만들 것인지 이야기나누기 - 친구들과 협동하여 기부선 만들기 - 기부선 놀이를 위해 필요한 녹음을 준비하여 놀이하기 [역할] 공항 놀이 - 공항 놀이에 필요한 소품 준비하기(여권, 비행기 표, 역할 명찰, 조종사·승무원 의자, 조종대, 손님 앉을 의자 등) - 준비한 소품을 역할놀이 영역에 진열하기 - 역할 정한 후 역할에 맞는 말, 동작하며 놀이하기 [언어] '교통기관' 생활주제 관련 그림책 CD 플레이어로 듣기 - CD 플레이어 사용방법에 대해 이야기하기 - 준비된 동화책 중 마음에 드는 동화책과 CD 고르기 - CD를 플레이어에 넣고 재생시키기 - 친구와 함께 동화를 듣고 기억에 남는 장면 이야기하기 [수학·조작] 주사위 기차에 물건 싣기 - 원하는 색의 기차 고르기 - 주사위를 먼저 던져 나오는 수만큼 이동하여 조건에 맞을 경우, 기차에 물건을 싣고 앞으로 나가기	• 조형: 객실 모양의 색 도화지, 크레파스, 색연필, 사인펜 등 • 쌓기: 기부선 관련 화보와 책, 종이벽돌서블록, 유니트 블록 등 • 역할: 공항놀이에 필요한 소품, 놀이용 의자, 조종석 화보 등 • 언어: 그림책, 그림책 CD, CD 플레이어 • 수학·조작: 게임판, 주사위, 말, 게임판 보관함	

시간 / 활동명	활동 목표	활동 내용	준비물 및 유의점	평가
9:20~ 실내자유선택활동	• 우주 모습에 관심을 갖는다.	[과학 · 컴퓨터] 라이트 박스로 우주의 모습(태양계, 성운, 별자리 등이 복사된 OHP용지) 관찰하기 - 라이트 박스에 대해 이야기하기 - 라이트 박스에 우주의 모습이 담긴 OHP용지 올린 후 관찰하기	• 과학 · 컴퓨터: 우주의 모습이 담긴 OHP 용지, 라이트 박스	
	• 악기의 특징을 알고, 적절히 연주해본다.	- 우주 관련 책, 화보를 보면서 특징 더 알아보기 [음률 교통기관 모양의 악기, 마라카스 연주하기] - 티아기 탐색하기 - 배운 노래 부르며 악기 연주하기	• 카도, 막대기, 마라카스	
10:00~ 정리정돈 및 놀이평가	• 자기가 가지고 놀았던 놀이감을 정리할 수 있다. • 친구를 도와 줄 수 있다.	• 자기가 놀았던 영역부터 정리하기 • 다른 영역 정리 도와주기 • 놀이 평가하기 - 방안놀이 시간에 어떤 놀이를 하기로 계획했었나요? - 계획한 놀이를 모두 했나요? - 못했다면 왜 계획대로 놀이하지 못했나요? • 놀이 평가판에 표시하기	- 자신의 놀이 평가판을 찾아서 놀이하고 나간 기준 표시하기 * 쌓기, 역할놀이영역은 5분 전에 미리 정리정돈 신호를 한다.	
10:10~ 간식 '우리밀 찐빵1, 우유'	• 손을 깨끗이 씻는다. • 친구들이 간식을 준비하고 대접하며 책임감을 갖는다. • 다른 사람과 함께 간식을 먹을 때 지켜야 할 예절을 알고 실천한다.	◎ 간식 '우리밀 찐빵 1, 우유' • 화장실에서 손 씻고 자리에 앉기 • 간식 당번 간식 준비하기 • 오른쪽 방향으로 간식 그릇 전달하며 간식 덜기 • 간식 먹고 잽싸 정리하기 • 간식 당번이 간식 접시가 담긴 잽반 간식차에 정리하기 • 간식을 먹은 후 언어, 조작, 수학, 수학, 과학 영역에서 놀이하기	- 간식 준비 및 손 씻기 지도: ○○○ 교사 - 책상별로 이름 부르기: ○○○ 교사	
10:30~ 이야기나누기 '기차와 기차역'	• 기차의 특징과 기능을 안다. • 우리나라 여객열차의 종류와 이름에 관심을 갖는다. • 기차역에 필요한 시설을 안다.	◎ 이야기나누기 '기차와 기차역' • 자리정돈 및 주의집중 • 우리나라 여객열차의 종류와 편의시설에 대해 이야기나누기 - 기차를 타 본 적이 있나요? 기차의 이름은 무엇이었나요? - 민 길을 갈 때 탈 수 있는 기차를 전가객차라고 함. 우리나라에는 어떤 여객열차가 있는지 알아본자 ① KTX: 매우 빠르게 달리는 고속열차(시속 200km이상). 전기의 힘으로 달리므로 고속전철이라고 함 ② 새마을호: KTX 개통 전까지는 가장 빠르고 편한 기차였음. 앞으로 이름을 비즈니호(빛처럼 빠르게 달리는 열차)로 바꾸고 새마을호를 대신해서 새로운 열차가 운행하게 될 것 ③ 무궁화호: 정차하는 역의 수가 많아 이용하는 사람들이 많은 편임. 2020년경 대부분의 무궁화호 누리로 바꾸게 됨	• 기차에 대한 이야기나누기 자료(PPT), 컴퓨터, 빔프로젝터, 스크린, 레이저포인터	

시간 / 활동명	활동목표	활동내용	준비물 및 유의점	평가
10:30~ 이야기나누기 '기차와 기차역'		④ 누리로: 온 세상을 달리는 열차, 전기의 힘으로 달리기 때문에 환경보호에 도움이 됨 - 기차에는 사람들이 편리하게 여행할 수 있도록 도와주는 여러 가지 시설들이 있음. 어떤 것들을 보았나요? (의자, 짐 놓는 곳, 화장실, 자판기, 식당차, 수유실, 독서등, 종이컵 받침대 등 • 기차의 종류와 기능에 대해 이야기나누기 - 기차는 하는 일에 따라 여러 종류의 기차로 나눌 수 있음 ① 통근차: 증기, 전기, 기름을 이용해서 스스로 움직일 수 있는 힘을 만들어 냄. 기관차는 제일 앞에서 각 차와 화물차를 끌어주는 일을 함 ② 화물차: 여러 가지 화물을 수송하기 위한 철도차량. 기름, 시멘트, 자갈, 컨테이너, 자동차 등 싣어 나르는 화물에 따라 생김새가 다름 ③ 객차: 사람을 태우기 위해 만들어진 철도차량 • 기차역이 하는 일과 시설에 대해 이야기나누기 - 기차를 타려면 어디에 가야할까요? (기차역) - 기차역에서 무엇을 볼 수 있을까요? (매표소, 개찰구, 선로, 기차를 타는 곳, 승강장 표지판, 화물을 싣고 내리는 데 필요한 기계 등 - 앞으로 기차를 타게 되면 우리가 이야기 나눈 것들을 잘 기억하며 찾아보자.		
10:50~ 실외자유선택활동	• 놀이기구를 안전하게 사용한다. • 실외놀이규칙을 지키며 놀이한다.	◎ 실외자유선택활동 • 운동장 두 바퀴 달리고 줄 넘기 10번 뛰기 • 실외자유선택활동하기 [조합놀이대] 줄 잡고 올라가기, 미끄럼틀, 그룹, 흔들다리 등 [모래놀이대] 모래놀이(용구로 산, 강, 청길 만들기 [마당] 자전거 타기, 훌라후프하기, 줄넘기하기, 캐치볼하기 [대근육가] 그네타기, 네스빈브릿지에서 놀이하기 [소꿉놀이대] 소꿉놀이하기, 음식 만들고 차려서 놀이하기	*유아들이 안전하게 놀이할 수 있도록 지도한다.	
11:40~ 노래 '더 빠른 것 더 느린 것'	• 교통수단들의 특성에 관심을 갖는다. • 교통수단 간 빠르기를 비교할 수 있다.	◎ 노래 '더 빠른 것 더 느린 것' • 자리정돈 및 주의집중: 교통수단 수수께끼 알아맞히기 • 교통수단 실제모습 빠르기 비교하기 • (게시판에 사진 카드를 붙이며) 어떤 교통수단들이 있나요? (자전거, 자동차, 비행기, 로케트) - 이 교통수단 중에 어떤 교통기관이 가장 빠른가요? (로케트) - 그 다음으로 빠른 것은 무엇인가요? (비행기, 자동차, 자전거) - 만약 로케트를 타고 서울에서 제주도로 가면 얼마나 걸릴까요? • 교사가 노래 들려주기 • 교통수단의 빠른 정도를 노래로 표현해 보기 • 노랫말 살펴보기 • 교사와 유아 나누어 부르기 및 바꾸어 부르기	• 여러 가지 교통수단 사진(자전거, 자동차, 비행기, 로케트, 노랫말 자료, 게시판	

시간 / 활동명	활동목표	활동내용	준비물 및 유의점	평가
11:40~ 노래 '더 빠른 것 더 느린 것'		• 2절 소개하고 노래 들려주기 - 로켓보다 느린 것은 무엇인가요? (비행기) - 비행기보다 더 느린 것은 무엇인가요? (자동차, 자전거) • 유아들과 2절 노래 불러보기 • 다함께 1, 2절 노래 부르기		
12:00~ 점심식사 '쇠고기야채비빔밥, 콩나물냉국, 쥐눈이콩조림, 깍두기, 김구이/사과'	• 급식 방법과 정리 방법을 알고 실천한다. • 음식을 골고루 먹는 습관을 기른다. • 바른 태도로 음식을 먹는 습관을 기른다.	◎ 점심식사 '쇠고기야채비빔밥, 콩나물냉국, 쥐눈이콩조림, 깍두기, 김구이/사과' • 화장실에서 손을 씻기 • 자리에 가서 앉기 • 배식대 앞에 줄서기(책상별로) • 배식대에서 식판에 밥, 반찬을 받은 후 자리에 가서 앉기 - 감사 인사드리기 - 책상 위에 놓여 있는 수저, 물컵 챙긴 후 밥을 덜은 먹을 수 있도록 준비하기 - 기도한 후 점심식사하기 - 나누어주는 국 받기 - 즐겁게 식사하기 - 골고루 먹기 - 더 먹고 싶은 반찬이 있을 경우 손들기 - 후식 먹기 - 정리하기 - 양치하기 - 이를 다 닦고 난 후 이닦기 표시판에 표시하기 • 수학·조작놀이 영역, 언어 영역, 과학 영역에서 놀이하기	- 배식대 준비 및 점심식사 세팅: ○○○교사, 급식조력부모(○○○, ○○○) - 배식: ○○○교사(국), 급식조력부모(밥, 반찬) - 배식 전후 자리 정돈 및 식사 준비 지도: ○○○교사 * 유아들이 식사하는 모습을 관찰하고 바른 태도로 골고루 음식을 섭취할 수 있도록 지도한다. - 급식차 및 배식대 정리: 급식조력부모(○○○, ○○○)	
13:00~ 실내자유선택활동	• 친구와 사이좋게 지낸다.	◎ 실내자유선택활동 • 하고 싶은 놀이 선택하여 놀이하고 실천, 평가하기 • 자리정돈 및 주의집중: '비행기' 노래 부르기 • '라이트 형제' 동화 회상하기 - 비행기를 처음 만든 사람들이 누구셨나요? (라이트 형제) - 라이트 형제는 비행기를 날리기 위해 어떻게 하셨나요? (글라이더를 가지고 하늘에서 날 수 있도록 하기 위해 노력함) - 비행기의 역사에 대해 이야기나누기 - 라이트 형제가 비행기를 발명하기 전의 비행기는 어떤 모습이었을까? 지금의 비행기가 되기까지 어떻게 변화되어 왔는지 같이 알아보자.	* 쌓기놀이와 역할놀이는 제한한다.	

시간/활동명	활동목표	활동내용	준비물 및 유의점	평가
13:25~ 사회 '비행기의 역사'	• 항공교통기관의 역사에 관심을 갖는다. • 비행기가 하늘을 나는 원리에 관심을 가진다. • 비행기를 만든 사람들의 창의적 노력에 관심을 가진다.	◎ 사회 '비행기의 역사' ① 레오나르도 다빈치의 '하늘을 나는 기계' - 비행기가 없던 시절, 레오나르도 다빈치라는 화가는 하늘을 날 수 있는 방법에 대해 생각하고 그림을 그렸음. 무엇 같나요? - 레오나르도 다빈치는 박쥐가 나는 모습을 보면서 박쥐처럼 날개를 만들면 하늘을 날 수 있을 것이라 생각했다고 함 ② 몽골피에 형제의 '열기구' - (열기구 사진을 보여주며) 이것을 본 적이 있나요? (열기구) - 종이를 불로 태울 때 종이가 타면서 어떻게 되는지 본 적이 있나요? 불에 타서 재가 된 것은 공중에 뜨게 됨. 불 때문에 위로 올라가는 성질을 갖고 있어서 재가 공기를 따라 올라가는 것임 - 몽골피에 형제는 불에 탄 재가 위로 올라가는 모습을 보고 열기구를 만들었다고 함 ③ 조지 케일리의 '글라이더' - 이것은 '글라이더' 라는 기구예요. 글라이더를 본 적 있나요? - 글라이더는 스스로 날 수 있도록 하는 엔진이 없어서 연날리기처럼 바람을 세기나 하늘로 날릴 때 받은 힘으로 날아가는 것임 ④ 라이트 형제의 '동력 비행기' - 라이트 형제는 스스로 날 수 있는 힘을 주는 '엔진'을 설치하였음 - 이후 사람이 타는 비행기, 물건이나 우편물을 빠르게 전달해주기 위한 비행기(군용기) 등 많은 비행기들이 개발되었음 • 앞으로 할 활동 안내하기 - 우리가 오늘 함께 알아본 관련된 화보나 책이 있으면 가져와서 같이 보도록 하자 - 집에서 비행기와 관련된 자료들은 벽면에 전시할 예정임	• 비행기 역사와 관련된 그림 혹은 사진(레오나르도 다빈치의 '하늘을 나는 기계', 몽골피에 형제의 '열기구', 조지 케일리의 '글라이더', 라이트 형제의 '동력 비행기'), 게시판	
13:50~ 평가 및 귀가지도	• 유치원에서의 하루 일과를 회상해본다. • 귀가 전에 해야 할 일을 알고 실천한다.	• 하루 일과 평가하기 - ○○○반에서 지내면서 증가었던 점 이야기하기 - ○○○반에서 지내면서 속상하거나 불편했던 점 이야기하기 - 귀가 후, 몸을 깨끗이 하고 그림책 한권씩 읽기. 또한 친구들과 사이좋게 지내는 것처럼 집에서 형제, 자매와 사이좋게 지내기 • 출석이름표/놀이계획표시 정리하기 • 실내화 바르게 정리하기 • 바르게 인사하고 가기	* 유아가 집에서 '비행기의 역사'에 대해 조사해 온 경우, 친구들에게 소개해 주도록 한다. - 귀가 준비 지도: ○○○교사 - 귀가장소로 유아 인솔: ○○○ 교사	
총평				

참고문헌

감(2010). 아하 비행기. 엘빅미디어.

김진영(2009). 김진영 동요집. 교문사.

서울도시철도 홍보 블로그(2011). 지하철 에스컬레이터 안전 이용 홍보 영상물. 5678blog.com.

에즈라 잭 키츠(2009). 루이의 우주선 상상 1호. 서애경 옮김. 웅진주니어.

올리비에 멜라노(2001). 혼자서 비행기를 탔어요. 배은주 옮김. 파랑새어린이.

이기숙 · 김희진 · 이경미 · 이순영(1998). 유아를 위한 소비자교육 프로그램. 양서원.

이은화 · 김순세(1973). 어린이 춤곡. 형설출판사.

이화여자대학교 사범대학 부속 이화유치원(1970). 노래동산.

이화여자대학교 사범대학 부속 이화유치원(1987). 유아를 위한 즐거운 놀이.

이화여자대학교 사범대학 부속 이화유치원(1992). 3, 4, 5세 어린이를 위한 유치원 교육과정 운영의 실제.
⑧ 교통기관. 교문사.

서울메트로(2010). www.seoulmetro.co.kr.

서울도시철도(2010). www.smrt.co.kr.

키즈 코레일(2009). http://kids.korail.go.kr.

한국우주인배출사업 기념 홈페이지(2009). www.woojuro.or.kr.

한국 최초 우주발사체 나로호(2009). www.kslv.or.kr.

한국항공우주연구원(2009). www.kari.re.kr.

저자소개

홍용희 이화여자대학교 사범대학 부속이화유치원 원장
　　　　　이화여자대학교 사범대학 유아교육과 교수

오지영 이화여자대학교 사범대학 부속이화유치원 원감

강경미 현 이화여자대학교 사범대학 부속이화유치원 교사

강지영 전 이화여자대학교 사범대학 부속이화유치원 교사

곽진이 전 이화여자대학교 사범대학 부속이화유치원 교사

김혜전 전 이화여자대학교 사범대학 부속이화유치원 교사

이누리 전 이화여자대학교 사범대학 부속이화유치원 교사

전우용 전 이화여자대학교 사범대학 부속이화유치원 교사

교육과정 운영의 실제

만 5세 ❽ 교통기관

2012년 4월 2일 초판 인쇄
2012년 4월 10일 초판 발행

지은이 이화여자대학교 사범대학 부속이화유치원
펴낸이 류제동
펴낸곳 ㈜교 문 사

책임편집 성혜진
본문디자인 아트미디어
표지디자인 이수미
제작 김선형
영업 정용섭·이진석·송기윤

출력 아트미디어
인쇄 동화인쇄
제본 한진제본

우편번호 413-756
주소 경기도 파주시 교하읍 문발리 출판문화정보산업단지 536-2
전화 031-955-6111(代)
팩스 031-955-0955
등록 1960. 10. 28. 제406-2006-000035호

홈페이지 www.kyomunsa.co.kr
E-mail webmaster@kyomunsa.co.kr
ISBN 978-89-363-1222-0 (93370)
ISBN 978-89-363-1141-4 (93370) 전 36권

값 16,000원

*저자와의 협의하에 인지를 생략합니다.
*잘못된 책은 바꿔 드립니다.